创优赋能专项新形态教材

国际贸易实务

主　编　赵　明
副主编　王春艳

图书在版编目（CIP）数据

国际贸易实务 / 赵明主编. —北京：中国商务出版社，2022.11（2023.10 重印）

创优赋能专项新形态教材

ISBN 978-7-5103-4525-8

Ⅰ.①国… Ⅱ.①赵… Ⅲ.①国际贸易—贸易实务—高等学校—教材 Ⅳ.①F740.4

中国版本图书馆 CIP 数据核字（2022）第 203753 号

创优赋能专项新形态教材

国际贸易实务

GUOJI MAOYI SHIWU

主　编　赵　明

出　　版：中国商务出版社
地　　址：北京市东城区安定门外大街东后巷 28 号　　邮　　编：100710
责任编辑：杨　晨　张永生
总 发 行：中国商务出版社发行部（010-64208388　64515150）
网　　址：http://www.cctpress.com
排　　版：北京天逸合文化有限公司
印　　刷：宝蕾元仁浩（天津）印刷有限公司
开　　本：787 毫米×1092 毫米　1/16
印　　张：13.25　　字　　数：292 千字
版　　次：2022 年 11 月第 1 版　　印　　次：2023 年 10 月第 2 次印刷
书　　号：ISBN 978-7-5103-4525-8
定　　价：55.00 元

改革开放40多年来，我国经贸水平大幅提升，数字经济更是飞速发展，在世界舞台中扮演越来越重要的角色。2020年面对新冠疫情和错综复杂的国际形势，我国对外贸易规模再创新高，成为全球唯一实现货物贸易正增长的经济体。目前，我国已是世界第一贸易大国。我国的外贸也正在向数字化贸易转化，因此，对数字贸易人才的需求也大幅增加。

目前，我国职业教育已经进入了高质量发展新阶段，党中央高度重视职业教育发展工作。为了更好地把习近平总书记对职业教育“大有可为”的殷切期盼转化为“大有作为”的实践，推动我国职业教育实现提质培优、增值赋能，加快由数量普及转为内涵发展；由“互联网+外贸”转为数字贸易发展。根据职业院校学生特点创新教材形式，推行新型活页式、工作手册式、融媒体教材是中国式现代化的实践探索。对接“新知识、新标准、新技术”校企合作共同开发教材也是中国式现代化理念在职教领域的全面贯彻、落实、推进和实现。

职业教育教材是全面培养学生职业道德、职业技能、就业创业能力和继续学习能力的重要载体，是职业教育体系中不可或缺的组成部分。加强教材建设是深化职业教育教学改革创新的有效途径。本书以外贸新人在实际操作中关注的重难点为阐述对象，结合国际贸易惯例，以一笔外贸出口业务的各环节工作内容为主线，将外贸业务知识的讲授与操作融入显示外贸流程操作与外贸企业运营的情境之中，突出外贸业务的情境设计与组织，融入企业真实案例，创建真实工作场景，实现“业务进课堂”，以工作任务为载体，构建学生学习的任务目标和要求。为学生设定学习目标、技能目标、人生目标，重点关注实际操作与技能，形成一个完整的知识体系。

本书特色如下：

第一，本书结构清晰、体系完整、内容新颖，且注重时效性和针对性。本书不只是一本单纯介绍外贸操作的教材，更是一本突出指导外贸企业实战的法宝。加入实操视频二维码，学生可以通过扫描书中二维码观看相关操作视频，从而能够举一反三地认识外贸基础知识及基本操作。

第二，本书把外贸企业岗位的典型工作任务及工作过程即进出口业务流程作为教材主体内容，通过任务工单、任务评价等，让学生熟悉掌握外贸业务操作。

同时，加入了课堂评价内容，通过课堂评价，反思学生掌握岗位技能情况。再根据学生掌握岗位技能情况，调整教学内容和教学方法。

第三，在学习任务呈现方式上，结合数字化特色资源，包括二维码、微课视频、网络空间学习、精品在线开放课程、国家级教学资源库等，在活页式学习任务呈现上使用。学生通过扫码，可以随时随地学习了解微课内容，观看视频动画，实现由传统的纸质教材转化为立体化活页式教材。活页式教材内容可以随着业务操作规范和要求的更新及时增加和删减，以达到最佳的编写质量。

本书按照外贸业务流程设置了以下项目内容：

项目一：走进国际货物买卖

项目二：货物描述条款拟定

项目三：价格条款拟定

项目四：运输条款拟定

项目五：支付条款拟定

项目六：保险条款拟定

项目七：合同拟定

项目八：合同履行

本书由天津商务职业学院赵明任主编，王春艳任副主编，刘英、齐雅莎、孙清、方莹、张志参编。方莹作为企业一线人员，在本书编写过程中提供了大量的资料、文献和案例等素材，另外本书在编写过程中，借鉴了一些出版物与网络资料的最新信息和数据，也得到了很多外贸企业业务员、院校等专业人士的大力支持和帮助，再次一并表示感谢！

由于编者水平有限，书中难免存在不当之处敬请批评指正，以便日后继续修订、完善。

编　者

2022 年 9 月

目录

CONTENTS

项目一

走进国际货物买卖

项目描述

天津华升进出口贸易有限公司（简称华升公司）成立于2010年6月，主营机械零部件、日用五金等产品的进出口业务。公司坐落于天津市河西区，下设业务部、跟单部、财务部、人事部等部门。

2021年9月，公司因业务需要招聘了一名国际贸易专业大三学生李明作为实习生。作为业务新人，李明需要在业务部及跟单部轮岗，快速适应公司的环境和工作节奏。随着实习工作的展开，李明经常会回想起初入校门时在“国际贸易实务”这门课程中学过的相关知识，而《国际贸易实务》教材也成为他在实习工作中翻阅次数最多的工具书。那么，“国际贸易实务”这门课程到底讲什么呢？

学习目标

知识目标：

1. 了解国际贸易的定义和特点。
2. 了解国际贸易实务课程的基本内容和主线。
3. 了解合同的主要条款。

能力目标：

1. 能够厘清国际贸易的基本流程。
2. 能够掌握国际贸易流程中的主要环节并抓住核心线索。

人生目标：

当今的中国已经成为全球货物贸易第一大国。作为外贸人，我们要秉承创新发展的思想，打造自身过硬的专业技能，培养良好的道德品质，为我国经贸事业发展树立青年人应有的责任和担当。

任务1　了解国际贸易的定义和特点

1.1 任务知识

一、国际贸易的定义

国际贸易（International Trade）是指世界各国（或地区）之间商品和劳务的交换活动，一般由进口贸易和出口贸易组成，因此也可称为进出口贸易。货品由本国卖到他国，称为出口（Export）；货品由他国买入本国，则称为进口（Import）。

国际贸易实务

际，表示两者之间。国际（International），从字面意思看，即指国与国之间。贸易（Trade），指交易、交换或买卖行为。

各国之所以能进行互通有无的国际贸易，是因为世界各国（或各地区）所蕴藏的自然资源不同，人民禀赋有别，生产技能精拙不一，通过国际贸易可以实现有效的调配、分工与利用。

二、国际贸易的特点

国际贸易由于跨越国境（或关境），其交易环境、交易条件以及涉及的问题都远比国内贸易更加复杂，其特点主要表现在以下几个方面。

1. 国际贸易既具有经济性，又具有涉外性

由于国际贸易的交易双方往往身处不同的国家和地区，进出口交易不仅涉及自身的经济利益，还在某种程度上代表着国家的形象。作为外贸从业人员，需要认真贯彻我国的对外方针政策，重合同、守信用，保持良好的对外形象。

2. 国际贸易具有复杂性

由于国际贸易的交易双方身处不同的国家和地区，各国的政治制度、法律体系、文化背景、价值观念都可能存在着一定的差异。在磋商签约和合同履行的过程中，进出口双方也可能面对不同的法律和政策，情况的复杂性远高于国内贸易。

除此之外，出口双方一般相距遥远，运输距离较长，在交易的过程中会比国内贸易增加更多的中间环节，涉及各种中间商、代理商、商检、仓储、运输、保险、港口、海关等多个部门，整个流程的协调难度陡增，具有较高的复杂性。

3. 国际贸易具有比国内贸易更高的风险性

由于国际贸易的交易双方身处不同的国家和地区，国际贸易会受到国际政治、经济形

势和其他客观条件变化的影响，具有一定的不稳定性。

除此之外，国际贸易一般比国内贸易运输距离更长、交易量更大，在远距离的运输中，进出口双方也会承担包括自然灾害、意外事故等在内的更高的风险。

三、各国与国际贸易有关的法律

各国与国际贸易有关的法律是指国家制定或认可并在本国主权管辖范围内生效的与国际贸易相关的法律，即相关的国内法。

国际货物买卖合同必须符合国内法，即符合国家制定或认可的法律。比如，按照《中华人民共和国民法典》规定，订立合同必须遵守中华人民共和国法律，即使依照法律规定适用外国法律或国际惯例的也不得违反中华人民共和国的社会公共利益。

四、国际公约

有关国际贸易的国际公约主要是属于统一实体法规则的国际条约，如 1980 年《联合国国际货物销售合同公约》(以下简称《公约》)、1978 年《联合国海上货物运输公约》《联合国国际汇票和国际本票公约等》，其中《公约》是迄今为止关于国际货物买卖的一个最重要的国际公约。

该公约共分为 4 个部分：(1) 适用范围；(2) 合同的成立；(3) 货物买卖；(4) 最后条款。全文共 101 条。该公约于 1980 年 3 月在维也纳召开的外交会议上获得通过，并于 1988 年 1 月 1 日起生效。

我国是《公约》的最早成员国之一。我国曾派遣代表参加了 1980 年维也纳会议，并于 1986 年 12 月向联合国秘书长递交了关于该公约的核准书，成为该公约的缔约国。值得注意的是，我国在核准该公约时，曾根据该公约第 95 条和第 96 条的规定，对该公约提出了关于采用书面形式和关于公约适用范围的保留。

五、国际贸易惯例

(一) 国际贸易惯例的含义

国际贸易惯例 (International Trade Practice) 或称国际商业惯例 (International Commercial Practice) 是指在长期的国际贸易实践中逐渐形成的，并由国际组织或其他权威机构加以编撰和解释的国际贸易中的习惯做法，包括成文的和不成文的原则、准则和规则。

国际贸易惯例是国际组织或权威机构为了减少贸易争端、规范贸易行为，在长期、大量的贸易实践的基础上制定出来的。由此可见，贸易惯例与习惯做法是有区别的。国际贸易业务中反复实践的习惯做法经过权威机构加以编纂与解释后才被看作国际贸易惯例，对贸易双方起约束作用。

目前在国际贸易中影响最大的贸易惯例是国际商会制定的《国际贸易术语解释通则®

2020》(Incoterm® 2020) 和《跟单信用证统一惯例》(2007 年修订本，国际商会第 600 号出版物，简称《UCP600》)。

（二）国际贸易惯例的性质与作用

国际贸易惯例是以当事人的意思自治为基础的，本身不是法律，不具有强制性。故买卖双方有权在合同中做出与某项惯例不符的规定，只要合同有效成立，双方均要履行合同规定的义务，一旦发生争议，法院和仲裁机构也要维护合同的有效性。

国际贸易惯例对国际贸易实践是具有重要的指导作用的。这主要体现在两个方面：第一，如果买卖双方都同意采用某种惯例来约束该项交易，并在合同中做出了明确规定，那么这项约定的惯例就对买卖双方有了约束力。第二，订立合同时，如果双方既未排除也未注明适用某项惯例，则在合同执行中发生争议时，受理该争议案的司法和仲裁机构也往往会引用国际惯例进行判决。这是因为，各国立法或国际公约赋予了国际惯例法律效力。由此可见，国际贸易惯例虽然本身不具有法律的强制约束力，但它对国际贸易实践的指导作用却是不容忽视的。

1.2 任务清单

任务内容	任务要求
总结国际贸易的定义	能够结合字面意思和生活经验，总结出国际贸易的定义，并举出实例
归纳国际贸易的特点	结合日常生活中海淘等相关经验，归纳出国际贸易区别于国内贸易的主要特点

1.3 任务描述

根据所给案例及任务知识内容，总结国际贸易的定义并归纳国际贸易的特点。

1.4 任务实施

任务分组

<table>
<tr><td>班级</td><td></td><td>组号</td><td></td><td>指导教师</td><td></td></tr>
<tr><td>组长</td><td colspan="2"></td><td>学号</td><td colspan="2"></td></tr>
<tr><td rowspan="4">组员</td><td colspan="2"></td><td rowspan="4">学号</td><td colspan="2"></td></tr>
<tr><td colspan="2"></td><td colspan="2"></td></tr>
<tr><td colspan="2"></td><td colspan="2"></td></tr>
<tr><td colspan="2"></td><td colspan="2"></td></tr>
</table>

步骤一：通过“说文解字”的方式，解读“国际”和“贸易”的字面意思。

步骤二：结合生活中的经验，举出国际贸易的具体实例。

步骤三：尝试给出国际贸易的定义。

步骤四：结合日常生活中对国际贸易的了解，归纳出国际贸易区别于国内贸易的主要特点。

步骤五：组与组之间交叉互评定义是否准确以及特点总结是否全面合理。

任务工单

了解国际贸易的定义和特点

<table>
<tr><td rowspan="4">说文解字</td><td>国</td></tr>
<tr><td>际</td></tr>
<tr><td>贸</td></tr>
<tr><td>易</td></tr>
<tr><td colspan="2">生活中的国际贸易实例

</td></tr>
<tr><td colspan="2">国际贸易的定义

</td></tr>
<tr><td colspan="2">国际贸易的特点及支撑实例

</td></tr>
</table>

1.5 任务评价

任务内容	评价指标		分值	得分
总结国际贸易的定义	1	定义归纳是否全面准确	25	
	2	举例是否合理恰当	25	
归纳国际贸易的特点	1	特点归纳是否全面准确	25	
	2	举例是否合理恰当	25	
总计			100	

1.6 知识拓展

国际贸易的分类

国际贸易的分类方式有很多种，常见的有：

1. 根据交易货物的形态可分为有形贸易与无形贸易

（1）有形贸易（Visible Trade）

交易商品如果是有体积、有重量的有形货物，例如成衣、食品、水泥等，则该贸易称为有形贸易，有形贸易必须经过海关进出口通关。

（2）无形贸易（Invisible Trade）

交易的商品如果是无形的劳务或服务，例如运输、保险、金融等，则该贸易称为无形贸易。

2. 根据货物的流动方向可分为出口贸易和进口贸易

（1）出口贸易（Export Trade）

出口贸易指将本国生产的产品卖到外国去，获得外汇。出口贸易售出的不一定是货物，有可能是技术、专利、知识等。

（2）进口贸易（Import Trade）

进口贸易指自外国买进他国生产的产品，而不论此产品是否该出口国所生产。进口贸易与出口贸易实际上是一体两面的，一笔交易的成立必有买方与卖方，就买方立场而言，该笔交易就是进口贸易；而就卖方立场而言，则是出口贸易。

（3）过境贸易（Transit Trade）

过境贸易指货物由出口国输往进口国的运送途中，必须经过第三国。对第三国而言，该笔交易即视为过境贸易。

(4) 转口贸易 (Intermediary Trade)

转口贸易指货物自出口国运往进口国的过程中，须经由第三国或第三地卸下、储存、重组或改装后，再转运到进口国，这种交易方式称为转口贸易。

任务2　了解国际贸易实务课程的基本内容

2.1 任务知识

一、国际贸易实务课程的基本内容

国际贸易实务是国际经济与贸易专业的主干课程之一，是该专业必修的核心技能课程，也是最重要的专业基础课程，具有很强的实践性。因国际贸易又可近似表达为“进出口”，所以本课程在有的地方也被称作“进出口操作实务”。

实务，指实际的业务或实际操作。从字面意思可以看出，这门课程的重点不在于解释“国际贸易是什么”或是“为什么会有国际贸易”，而致力于讲授国际贸易应该“怎么做”。

具体来说，“国际贸易实务”这门课程的研究对象是国家间商品交换的具体运作过程，其中包括国际货物买卖的有关原理、实际业务流程所涉及的环节、操作方法和技能以及应遵循的法律和惯例等行为规范。国际货物买卖所涉及的原理较多，比如，在国际货物买卖中应遵循价格围绕价值上下波动等经济原理。

国际贸易实际业务流程所涉及的环节、操作方法和技能是国际贸易实务的重要内容，比如，在拟定合同环节中，对商品的品质便有两大类、10余种具体的规定方法，而每种方法的选用要以商品的不同属性为依据，其间展示了相当的技能。

不同国家的法律和国际贸易惯例等行为规范同样是“国际贸易实务”课程的重要讲授内容。通过对不同法系、不同类型的国际贸易惯例的比较使外经贸从业人员能够充分了解和掌握相应的行为规范，防范风险，保证收益。

正因如此，国际贸易的基本流程是本门课程讲授的主要线索，而几乎贯穿国际贸易流程始终的“合同”则是全课程最重要的“关键词”。

本课程的主要任务是使学生具备从事进出口业务工作所必需的基本业务知识及操作技能和职业道德、职业素养，为学生求职、求技、成才服务；能较快地适应进出口企业对外销员的基本要求，形成一定的综合运用能力。

通过本课程的系统学习，学生能掌握有关国际贸易实务的基本知识，熟悉相关的国际贸易惯例，了解进出口业务程序，具备较强的进出口合同缮制、审核能力，基本达到从事进出口业务的人员应具备的素质、能力要求。

三、国际贸易的基本流程

国际贸易的基本流程总体来说可以分为以下 4 个阶段。

（一）交易前的准备阶段

这一阶段进出口双方的主要工作是围绕熟悉商品、了解市场、与贸易伙伴建立联系而进行的。

对于出口方而言，在本阶段的主要工作有：了解己方经营产品的各项信息及特点，做好市场调研，进行产品推广，开发客户等。对于进口方而言，在本阶段的主要工作有：熟悉己方需要进口的商品的基本信息和特点，做好市场调研，开发供应商等。

（二）磋商签约阶段

交易磋商是指买卖双方就交易条件进行协商，协调双方的经济利益，求得一致，达成交易；而签约则指“签订合同”。

在这一阶段进出口双方的主要工作是“询盘—发盘—还盘—接受—签订合同”。在这个过程中，进出口双方需要分别做好进出口预算并进行价格和交易条件的协商。最终，双方通过合同的各项主要条款的确立来体现协商的结果。合同签订后，一段国际贸易的业务关系开始正式建立。

本阶段的学习内容将主要围绕进出口预算和合同条款展开，这部分涉及的知识和技能也是本课程最核心的部分。

（三）合同的履行

在这一阶段，进出口双方将履行合同中的各项主要条款。

对于出口方而言，在本阶段的主要工作有备货、订舱、出口报检、投保、出口报关、装运等。对于进口方而言，在本阶段的主要工作有进口结汇、进口报检、进口报关、提货等。

（四）业务善后与争议的解决

双方完成上一阶段的工作之后，如果彼此都认为对方已按照合同条款的规定完成了自己的义务，则国际贸易流程至此结束；如果有一方认为另一方没有能够全部或部分履行合同规定的义务，则需要进入争议的解决阶段。

在本阶段中，进出口双方的主要工作有分析争议事实、区分责任归属、考量双方利益并寻求合理的违约救济手段。

综上所述，在业务准备工序需要进行国际市场调研、设计出口商品经营方案、建立业务关系等工作；在业务磋商工序中需要进行以发盘和接受为主的磋商活动；在拟定合同工序中需要对合同的各个条款进行加工和修饰；在履行合同工序中要办理备货、信用证、租船订舱、报检报关、办理保险、制单结汇以及处理善后事宜。

进出口业务流程如图 1-1、图 1-2 所示。

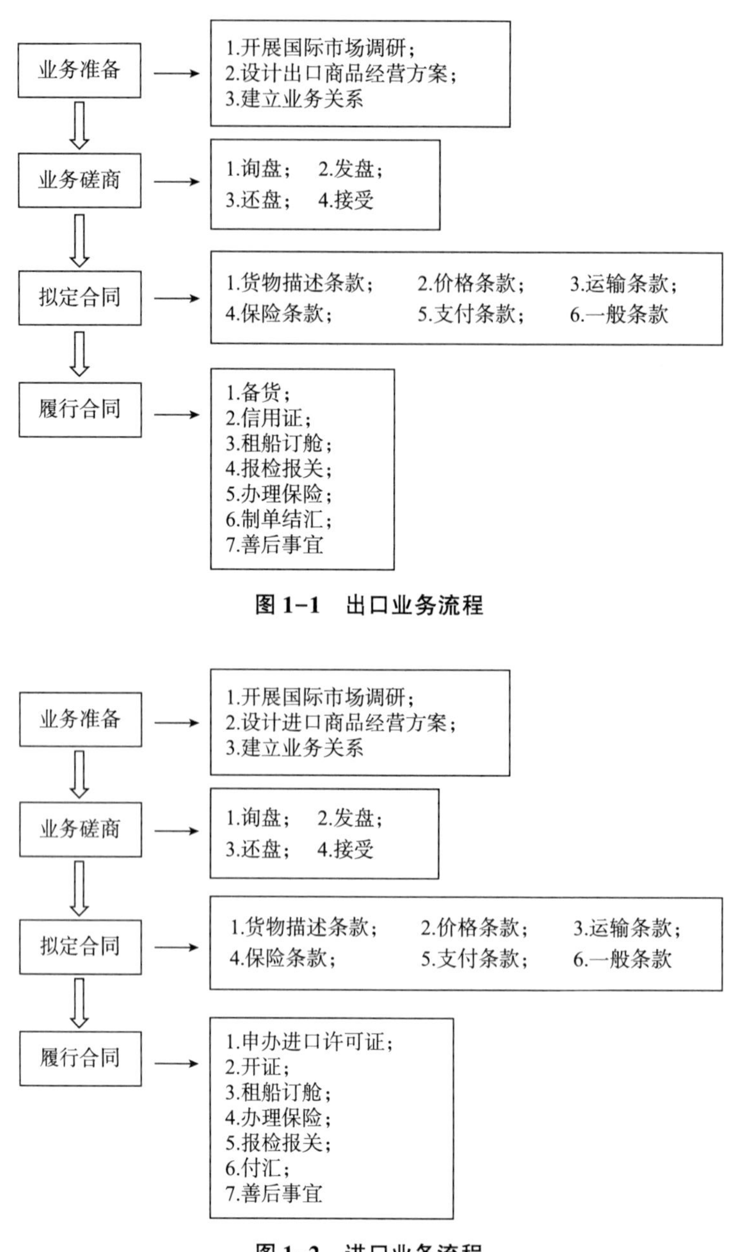

图 1-1 出口业务流程

图 1-2 进口业务流程

2.2 任务清单

任务内容	任务要求
梳理国际贸易的基本流程	结合日常生活中海淘等相关经验，梳理出国际贸易的基本流程和主要环节

2.3 任务描述

根据实际生活中的经验，如果你需要在某跨境电商平台上购买一件 T 恤衫，从头到尾需要经历怎样的流程？这其中关键环节主要有哪些？请根据提示完成国际贸易流程的梳理。

2.4 任务实施

任务分组

<table>
<tr><td>班级</td><td></td><td>组号</td><td></td><td>指导教师</td><td></td></tr>
<tr><td>组长</td><td colspan="2"></td><td>学号</td><td colspan="2"></td></tr>
<tr><td rowspan="4">组员</td><td colspan="2"></td><td rowspan="4">学号</td><td colspan="2"></td></tr>
<tr><td colspan="2"></td><td colspan="2"></td></tr>
<tr><td colspan="2"></td><td colspan="2"></td></tr>
<tr><td colspan="2"></td><td colspan="2"></td></tr>
</table>

步骤一：根据工单中的提示，总结出国际贸易流程中的 4 个主要阶段。

步骤二：思考如果进出口双方都是企业，那么国际贸易流程的细节相较于个人海淘而言会有哪些变化？将你的想法梳理成文字。

步骤三：组与组之间交叉互评。

任务工单

梳理国际贸易的基本流程

<table>
<tr><td rowspan="4">你需要在某跨境电商平台上购买一件 T 恤衫，这笔国际贸易从头到尾需要经历怎样的流程呢？我们一起来梳理一下。</td><td>阶段一提示：身为进口方，在做出供应商的选择之前，你需要完成哪些工作？</td></tr>
<tr><td>阶段二提示：确认了自己要购买的商品型号、款式和供应商之后，你接下来该做的事情是什么？</td></tr>
<tr><td>阶段三提示：下单完成之后，在货物到达前，你和供应商分别需要做什么？</td></tr>
<tr><td>阶段四提示：收到 T 恤后，你发现有色差或是其他质量问题，你会怎么做？</td></tr>
<tr><td colspan="2">如果进出口双方都是企业，那么国际贸易流程的细节会发生哪些变化？</td></tr>
</table>

2.5 任务评价

任务内容	评价指标		分值	得分
梳理国际贸易的基本流程	1	流程是否合理完整	50	
	2	对于变化的归纳是否合理、全面	50	
总计			100	

2.6 知识拓展

国际贸易专业的主要就业岗位

企业类型	岗位类型	岗位职责
进出口贸易公司	业务员	跨境电商平台上产品信息的发布/搜索；关注市场动态，做好市场调研；开发并维护客户/供应商；磋商价格并签订合同等
	跟单员	追踪订单产品的生产状况，按时备货；按时收回/给付货款；追踪货物直至进口方收货；配合货代公司、海关、商检部门提供相关单据等
货运代理公司或报关行	货代销售	开发并维护客户
	货代操作或报关员	订舱、报关、核对提单等单据信息等

任务3　了解国际货物买卖合同的主要条款

3.1 任务知识

一、国际货物买卖合同的定义

国际货物买卖合同是指营业地处于不同国家的当事人之间所订立的，由一方提供货物并转移所有权，另一方支付价款的协议。国际货物买卖合同是国际贸易交易中最为重要的一种合同，是各国经营进出口业务的企业开展货物交易最基本的手段。

作为贯穿整个国际贸易流程始末的“关键词”，国际买卖合同及其主要条款也是贯穿本书后续章节的重要线索。

二、国际货物买卖合同的主要形式

在国际贸易中，书面合同的名称没有特定的限制，我国的外贸实践中，主要采用的有合同和确认书这两种形式。

此外，有时进口方还会拟制订单（Purchase Order，业务中常简称为 PO）或者采购框架协议（Scheduling Agreement，业务中常简称为 SA）发送给出口方，要求出口方签署。其中，订单在实际业务中多用于一次性的进口采购，而采购框架协议多用于长期进口采购计划。

（一）合同

交易成立后，由当事人的一方将交易内容制成合同，然后由双方共同签署，这种合同的内容比较全面详细。由卖方制作的称为“售货合同”（Sales Contract）；由买方制作的称为“购货合同”（Purchase Contract）；如果是由买卖双方互派代表会同制作，当场签字的，则可称为“购销合同”（Sales and Purchase Contract），但这种情形较少见。

（二）确认书

确认书是合同的简化形式，通常由一方制作确认书，一式两份，拟好并签名后寄给对方，对方经审核同意并签字确认，保留一份，同时将另一份寄还。由卖方制作的称为“售货确认书”（Sales Confirmation），由买方制作的则称为“购货确认书”（Purchase Confirmation），效力与买卖合同相等。

（三）采购订单

采购订单指由买方制作，向卖方发出的订购货物的书面凭据。通常由买方制作订单，一式两份，拟好并签名后寄给卖方，卖方对订单的内容若无异议，可签名后再寄还一份给买方，即具备成交签约的法定效力。

三、国际货物买卖合同的主要条款

合同条款指合同中规定买卖双方的权利和义务的文字部分，具体可进一步分为主要条款和一般条款两部分。本书中重点介绍主要条款的部分。

（一）货物描述条款

货物描述条款，实际业务中常简称为货描条款，主要指描述货物本身情况的相关条款，具体包括商品的品名条款、商品的品质条款、数量条款、包装条款等。

本书将在项目二货物描述条款拟定部分对货物描述条款进行详细说明，在本项目中只做简单介绍。

1. 品名条款（Name of Commodity Clause）

品名条款是买卖双方对具有一定外观形态并占有一定空间的有形商品达成共识的一种文字描述，又称标的物条款。品名条款中一般会明确规定标的物及其品质要求，是买卖双方签订合同时必须首先解决的问题之一。例如，Milk 25.80 AUD per Carton FOB Tianjin，其中，Milk 即可视为品名条款。

合同中的品名条款一般比较简单。通常都是在“商品名称”或“品名”的标题下，列明缔约双方同意交易的商品的名称，故又称为“标的物条款”。

2. 品质条款（Quality of Commodity Clause）

商品品质是指商品的内在质量和外观形态。例如，商品的化学成分、物理和机械性能、生物学特征及造型、结构、色泽、味觉等综合性技术指标。

合同中的品质条件，是构成商品说明的重要组成部分，是买卖双方交接货物的依据。《公约》规定卖方交货必须符合约定的质量，如卖方所交货物不符合约定的品质条件，买方有权要求损害赔偿，也可要求修理或交付替代货物，甚至拒收货物和撤销合同。这就进一步说明了品质的重要性。

3. 数量条款（Quantity Clause）

商品的数量是国际货物买卖合同中不可缺少的主要条件之一。按照某些国家的法律规定，卖方交货数量必须与合同规定相符，否则，买方有权提出索赔，甚至拒收货物。《公约》也规定，按约定的数量交付货物是卖方的一项基本义务。如卖方交货数大于约定的数量，买方可以拒收多出来的部分，也可收取多交部分中的一部分或全部，但应按合同价格付款；如卖方交货数少于约定的数量，卖方应在规定的交货期届满前补交，但不得使买方遭受不合理的不便或承担不合理的开支，即使如此，买方也有保留要求损害赔偿的权利。

由于交易双方约定的数量是交接货物的依据，因此，正确掌握成交数量和订好合同中的数量条款，具有十分重要的意义，买卖合同中的成交数量的确定，不仅关系到进出口任务的完成，对促进交易的达成和争取有利的价格，也具有一定的作用。

4. 包装条款（Packing Clause）

包装条款是主要贸易条件之一，是国际货物买卖合同的重要内容，买卖双方应在合同中做出明确具体的规定。

包装条款主要包括包装材料、包装方式、包装规格、包装的文字说明和包装费用的负担等内容。在实际操作中，任何一点都不能忽视。尤其是包装材料、包装方式和包装的文字说明，在国际贸易中往往因为这三项而引起纷争、索赔，甚至取消合同。

（二）价格条款

价格条款是指国际贸易合同中表明价格条件的款项。它是买卖合同中必不可缺的重要组成部分，不仅直接关系到买卖双方的利益，而且与合同中的其他条款也有密切联系。国际货物买卖合同中的价格条款应真实反映买卖双方价格磋商的结果，条款内容应完整、明确、具体、准确。

进出口合同中的价格条款，一般包括商品的单价和总值两项基本内容。单价又包括计量单位、单位价格金额、计价货币、贸易术语 4 个组成部分。其中，贸易术语用于说明价格的构成并界定进出口双方责任、费用、风险的承担情况。总值指商品成交的总价，等于单价乘以数量。

本书将在项目三价格条款拟定部分对价格条款进行更详细的说明，而贸易术语也是这一部分的重点知识。

（三）运输条款

国际货物买卖合同的运输条款，又称装运条款，主要规定国际货物运输的装运条件和相互责任。从法律上讲，卖方必须按照合同规定的装运时间、装运地、目的地装运和交接货物，提前或推迟装运、改港、改装运地或到货地，均构成违约（除非双方另有约定）。买方有权拒收货物或提出索赔，因此，合同中的运输条款也是合同的主要条款之一。

一般来说，装运条款应包括装运时间、装运地和目的地、分批装运和转运以及装运单据等内容。

本书将在项目四运输条款拟定部分对运输条款进行更详细的说明。

（四）支付条款

支付条款是在国际贸易合同中，规定付款方式、时间及款项的条款。它是买卖合同中必不可少的重要组成部分。在国际贸易中，货款的收付直接影响双方的资金周转和融通以及各种金融风险和费用的负担，它关系到买卖双方的利益和得失。因此，买卖双方在交易磋商时，都力争约定对自己有利的支付条件。

一般而言，国际贸易的主要支付方式有汇付、托收和信用证 3 种，因此国际贸易合同的支付条款一般应具体为汇付条款、托收条款和信用证条款。

本书将在项目五支付条款拟定部分对支付条款进行更详细的说明。

（五）保险条款

保险条款是国际货物买卖合同的重要组成部分之一，它涉及买卖双方的利益。买卖双方在磋商和签订进出口合同时，一般都要订立有关国际货物运输保险条款。

保险条款的具体内容，应视不同种类的合同而有所区别。一般情况下，如保险不涉及双方当事人利益，保险条款就比较简单。如贸易术语规定买方承担货物在运输途中的风险，并负责办理投保、支付保险费，不涉及卖方利益，合同中的保险条款只要明确由买方办理即可。如果贸易术语规定应由卖方负责投保并支付保险费，但运输途中的风险则由买方承担，这样，保险就涉及买卖双方利益，合同中的保险条款就应详细、明确订立，以便顺利履行合同。

本书将在项目六保险条款拟定部分对保险条款进行更详细的说明。

3.2 任务清单

任务内容	任务要求
梳理合同的主要条款	结合日常生活中海淘等相关经验，梳理出国际货物买卖合同的主要条款

3.3 任务描述

结合日常生活中海淘等相关经验，回忆作为买方下单的全过程和订单的一般内容，并以此为基础梳理出国际货物买卖合同的主要条款。

3.4 任务实施

任务分组

<table>
<tr><td>班级</td><td></td><td>组号</td><td></td><td>指导教师</td><td></td></tr>
<tr><td>组长</td><td colspan="2"></td><td>学号</td><td colspan="2"></td></tr>
<tr><td rowspan="4">组员</td><td colspan="2"></td><td rowspan="4">学号</td><td colspan="2"></td></tr>
<tr><td colspan="2"></td><td colspan="2"></td></tr>
<tr><td colspan="2"></td><td colspan="2"></td></tr>
<tr><td colspan="2"></td><td colspan="2"></td></tr>
</table>

步骤一：根据工单中的提示，梳理出国际货物买卖合同的主要条款及相关要点。

步骤二：讨论如果进出口双方都是企业而非个人，合同主要条款中的细节会发生哪些变化。

步骤三：组与组之间交叉互评。

任务工单

梳理国际货物买卖合同的主要条款

<table>
<tr><td rowspan="5">你需要在某跨境电商平台上购买一件T恤衫，经过“市场调研”和与卖家的沟通，你锁定了一款商品，准备“下单”。“订单”就是国际货物买卖合同的一种形式。那么，在订单中一般会涉及哪些内容呢？</td><td>提示一：你是否需要选择T恤的具体品牌和名称？是否需要确定T恤的颜色、尺码、款式？是否需要确认一共购买几件T恤？你的T恤需要散装还是用礼盒包装呢？以上这些内容，请结合本任务3.1的相关内容归纳为相应的合同条款。</td></tr>
<tr><td>提示二：当选择好以上各项信息后，系统会显示出你所选择的T恤的价格。这个价格是只有一个数字吗？除了数字之外，还有哪些其他的重要信息点呢？请结合本任务3.1的相关内容进行联想和梳理。</td></tr>
<tr><td>提示三：在完成以上步骤后，系统一般会提示你选择相应的物流信息，这些信息一般包括哪些内容？请结合本任务3.1的相关内容进行联想和梳理。</td></tr>
<tr><td>提示四：完成以上步骤后，你可以选择通过什么样的方式进行支付。一般会有哪些选择呢？这些选择对你而言有什么区别吗？</td></tr>
<tr><td>提示五：你是否注意过订单中有没有关于保险的规定？具体都是哪些规定？</td></tr>
<tr><td colspan="2">如果进出口双方都是企业而非个人，你认为合同主要条款中的细节会发生哪些变化？为什么？</td></tr>
</table>

3.5 任务评价

任务内容	评价指标		分值	得分
梳理国际货物买卖合同的主要条款	1	主要条款是否合理完整	50	
	2	对于变化的归纳是否合理、全面	50	
总计			100	

3.6 知识拓展

合同的一般条款

合同条款可分为主要条款和一般条款两部分，本书的重点是合同的主要条款，这些条款内容及拟定要点贯穿全书。除了主要条款之外，合同中还有一般条款的部分，主要包括商检、索赔、仲裁及不可抗力四个条款。

合同的商检条款主要规定商检权、商检机构、商检期限、商检的标准和方法等内容。

索赔条款是指双方当事人在国际货物买卖合同中约定，当发生违约情况时，一方应承担什么责任，一方可享有什么权利以弥补损失。

仲裁条款主要包括请求仲裁的意思表示、仲裁事项、选定的仲裁委员会。

不可抗力条款属于免责条款，指合同中订明如当事人一方因不可抗力不能履行合同的全部或部分义务的，免除其全部或部分责任的条款。另一方当事人不得对此要求损害赔偿。

项目二

货物描述条款拟定

项目描述

天津华升进出口贸易有限公司于 2022 年 1 月 30 日与德国汉堡安联贸易有限公司签订出口链条 50000 条的合同一份。纸箱包装，每个纸箱装 50 条，共 1000 个纸箱，恰好可以用一个 20 尺集装箱装运出口。公司对外报价为每个链条 5 美元 FOB TIANJIN。装运期为 2022 年 5 月 15 日前。付款方式为即期信用证。海运出口从天津港到汉堡港。请你以天津华升进出口贸易有限公司业务员李明的身份，拟定合同中的货物描述条款。

学习目标

知识目标：

1. 了解商品的分类、度量衡制度、包装的分类。

2. 熟悉商品品质的含义和表示方法、重量计量方法、溢短装条款，熟悉包装运输标识。

3. 掌握商品品名、品质条款的内容。

能力目标：

1. 能够正确拟定合同中的品名、品质、数量和包装条款。

2. 能够设计标准唛头。

人生目标：

作为外贸人，我们要培养创新思维，用新发展的理念来指导外贸工作，在传统外贸基础上，积极推进数字贸易的转型升级，采用新技术、新标准、新工艺，借助大数据推进数字贸易发展。

任务1　品名、品质、数量、包装条款拟定

1.1 任务知识

1.1.1 品名条款拟定

一、商品名称的含义

商品名称是指能使某种商品区别于其他商品的一种称呼或概念，在一定程度上能体现出货物的自然属性、基本功能等。在国际贸易中，买卖双方一般通过 E-MAIL、传真、互联网等现代通信手段或信息网络来进行联系、洽商交易、签订和履行合同，因而，必须列明商品名称及货号（ARTICLE NO.）。若卖方交付的货物不符合约定的品名，买方有权提出损害赔偿，甚至拒收货物或撤销合同。商品名称一般按其自然属性（如植物产品、动物产品、矿产品等）和加工深度（原料、半制成品、制成品）命名和分类。为了使国际贸易中货物分类体系进一步协调和统一，经过海关合作理事会和联合国统计委员会多年的共同努力，制定了适合国际贸易有关各个方面需要的标准国际贸易商品分类体系，即《商品名称及编码协调制度》(The Harmonized Commodity Description and Coding System，HS，简称《协调制度》)。HS 是一部完整、系统、通用、准确、多用途的国际贸易商品分类体系，具有严密的逻辑性和科学性。HS 自 1988 年 1 月 1 日起正式实施以来，目前国际上已有近 200 个国家和地区采用。我国于 1992 年 1 月 1 日起采用该制度，以其为基础，结合我国实际进出口货物情况，编制了《中华人民共和国海关进出口税则》和《中华人民共和国海关统计商品目录》。作为国际贸易的工作人员，应根据商品的名称准确进行商品归类。

二、买卖合同中的品名条款

买卖合同中的品名条款一般比较简单，通常都是在“货物名称”或“品名”的标题下，列明缔约双方同意买卖货物的名称。有时为了省略起见，也可不加标题，只在合同的首部，列入双方同意买入卖出某种货物的文句。

商品名称命名方法

品名条款的规定还取决于成交货物的品种和特点。就一般商品而言，有时只列明双方意欲买卖的货物名称即可，例如绿豆、棉花布、钨砂等。但是有的货物往

往具有不同的品种、规格、等级和型号，只简单列明买卖货物的名称不够具体明确。因此，为了明确起见，亦可包括货物的品种、型号、产地和等级这些内容以做进一步的限定，即增加货物的部分品质条款内容。例如，我国出口的东北大豆，就包括了货物的品质规格。再如，我国出口的钨砂，有特级、一级、二级之分，各级都规定了其中所含三氧化钨、氧化锡等不同成分的比例。这实际上是把品名条款与品质条款合并在一起。

合同中有关品名的规定并没有统一的、固定不变的格式，一般根据货物的特征、贸易习惯和双方当事人的意见予以确定。

三、买卖合同中品名条款示例

【例 1】Name of Commodity：Northeast Soybean。

【例 2】Name of Commodity：Plush Toy Bear。

【例 3】Name of Commodity：Bright Brand Infant Milk Powder。

【例 4】如表 2-1 所示。

表 2-1 买卖合同中品名条款示例

Name of Commodity	Description of Commodity	Quantity	Unit Price
Frozen Mudsnail Meat Boiled	L200-400 M400-600 S600-800 SS800-1000		

四、确定品名条款时应注意事项

国际货物买卖合同中的品名条款，是合同中的主要条款之一。虽看起来简单，但也要予以足够的重视，否则也会产生贸易纠纷。在确定品名条款时应注意以下事项。

1. 品名必须明确、具体

规定品名时，必须能够确切反映交易货物的特点，避免空泛、笼统的规定。例如，果品、干果均是笼统的规定，不宜作为品名，易引起误解。

2. 应尽可能使用国际上通用的名称

同一个货物在不同的国家，甚至同一国家的不同地区可以有不同的称谓，容易造成误解。如果必须使用地方性名称，则需要了解其含义，最好用文字予以明确。对于一些新产品的定名及其译名，必须做到易懂，注意外文中的意义以符合国际习惯。因在 HS 中能对货物进行准确归类，所以，我国在规定品名时，应与 HS 规定相对应。

3. 注意选用合适的品名

如果一种货物可以有不同的名称，则在确定名称时，必须注意有关国家的海关关税和进口限制的有关规定，在不影响国家有关政策的前提下，从中选择有利于减低关税或方便进口的名称，作为合同中的品名。同时，还必须注意品名与运输、仓储费的关系，因为目前一些仓库和班轮运输是按货物等级规定收费标准的。由于货物名称不统一，存在着同一货物因名称不同而收取的费率不同的现象。例如，棉织品的运费费率为 10 级，但若棉织品中的毛巾和尿布写明具体名称，则可按 9 级和 8 级分别计收费用，所以，选择得当，就可减收运费。从这一角度看，选择合适的品名也是降低储运费的一个方法。

4. 应注意单证间、单货间品名的一致

单证一致、单货一致是国际贸易中应遵循的基本原则，其中所涉及的品名自然应一致，否则交易便不能顺利进行。例如，信用证上规定交易的货物为“Groundnut”（花生），出口方制单时如果使用的是“Peanut”，那么银行就会以单证不符为由拒付。

5. 品名应能反映商品的实际情况

条款中规定的品名，必须是卖方能够供应且买方所需要的商品，凡做不到或不必要的描述性的词句都不应列入品名。

1.1.2 品质条款拟定

一、商品品质的含义

商品品质（Quality of Goods）即商品的外观形态和内在品质的综合。外观形态指商品的外形特征，例如商品的大小、长短、造型、款式、色泽、味觉等；内在品质指商品的物理性能、机械性能、化学成分、生物特征、技术指标和要求等。例如，纺织品的色牢度、防水性能，机械商品的精密度，肉禽类商品的各种菌类含量等。根据《公约》的规定，卖方所交货物必须符合约定的品质，如卖方所交货物不符合约定的品质条件，买方有权要求损害赔偿，也可要求修理或交付替代货物，甚至拒收货物和撤销合同。

商品的品质具有非常重要的意义。商品品质的高低直接影响使用效能和市场价格。改进和提高出口商品的质量不仅可以提高我国商品的市场竞争力，扩大销售，提高售价，为国家创造更多的外汇，而且还可以提高商品在国际市场的信誉，反映我国科学技术及社会主义建设发展的水平。严把进口商品质量关，使进口商品适应国内生产和消费的需要，是确保我国社会主义建设顺利进行和人民幸福生活的重要问题。货物的品质条件是买卖合同中的主要条款。在各国进出口商之间发生的有关货物买卖的争议案件中，其中品质争议是最多的。从中可以看出，货物的品质条件在国际货物买卖中的重要地位。

二、表示品质的方法

国际贸易中交易的货物的种类十分复杂，不同货物的品质表示方法也不相同。但归纳起来，对货物品质的表示方法大体上有两大类，即以实物样品表示货物品质和以文字说明表示货物品质。

（一）以实物样品表示货物品质

以实物表示货物品质主要包括看货买卖（Actual Quality）和凭样品买卖（Sample）两种表示方法。

1. 看货买卖（Sale by Actual Quality）

这种方式通常是由买方或其代理人在卖方所在地验看货物，达成交易后，卖方应按对方验看过的货物交货。只要卖方交付的是验看过的货物，买方不得提出异议。在国际贸易中，由于交易双方相距较远，交易洽谈多靠函电方式进行，买方直接看货成交有诸多不便，即使卖方有现货在手，买方也是由代理人代为验看货物，而且看货时也无法逐件查验，所以，采用看货买卖方式有一定的局限性。因此，这种方式使用不多，多用于古董、字画、艺术品等产品的寄售、拍卖和展卖业务中。

2. 凭样品买卖（Sale by Sample）

所谓样品是指从一批货物中抽取出来的或由生产、使用部门设计、加工出来的足以反映和代表整批货物品质的少数实物。交易双方以样品表示成交货物品质，并以此作为所交货物品质的依据，即为凭样品买卖。值得注意的是，样品有标准样品和参考样品之分，凭样品买卖中的样品即指标准样品。标准样品是成交基础，也是所交货物品质是否与合同相符的依据。参考样品是买卖双方为了发展贸易关系和增进彼此对商品的了解而互相寄送的样品。这种以介绍商品为目的而寄出的“参考样品”，不能作为成交的基础，也不作为日后所交货物品质的依据，最好标明“仅供参考”（for Reference Only）字样，以免与标准样品混淆。凭样品买卖的样品根据提供者的不同，可分为凭卖方样品买卖、凭买方样品买卖和凭对等样品买卖 3 种。

（1）凭卖方样品买卖（Sale by Seller's Sample）

凭卖方样品买卖是指以卖方提供的样品为基础磋商、订立合同，并以此作为成交货物品质的依据，日后卖方所交整批货的品质，必须与其提供的样品相同。卖方在寄出样品即“原样”（Original Sample）时，应留存“复样”（Duplicate Sample），以备将来交货或处理品质纠纷时做核对用。一般复样留两份，一份存在进出口公司，另一份送商品检验机构备案。在寄出的样品和留存的复样上均应编上相同的号码，以便日后函电联系。留存的复样应妥善保管，有些样品还要注意保管的温度、湿度和采取科学的储藏方法，防止变质。卖方所提供的样品不能侵犯第三方的工业产权或知识产权，所提供的样品必须是具有代表性的，质量标准不应定得过高，这样会使履约时产生困难；过低也不行，会影响价格。

（2）凭买方样品买卖（Sale by Buyer's Sample）

买方为了使其所购的商品符合自身的要求，可以提供样品交给卖方依样承制，如卖方同意，则凭买方提供样品磋商交易和订立合同，并以买方样品作为交易品质的依据，这种方式为凭买方样品买卖。在此情况下，合同中应订明："质量以买方样品为准"（Quality As Per Buyer's Sample）。这种方式也称为"来样成交"。在凭买方来样成交时，一般还应声明或在合同中订明：如果发生由来样引起的工业产权等问题，与卖方无关，概由对方负责。

（3）凭对等样品买卖（Sale by Buyer's Sample）

在国际贸易中，谨慎的卖方往往不愿意承接凭买方样品交货的交易，以免因交货品质与买方样品不符而招致买方索赔甚至退货的危险，在此情况下，卖方可根据买方提供的样品，加工复制出一个类似的样品交买方确认，这种经确认后的样品，称为"对等样品"（Counter Sample）或"回样"（Return Sample），也称为"确认样品"（Confirming Sample）。当对等样品被买方确认后，则日后卖方所交货物的品质，必须以对等样品为准。如果使用对方商标时，应要求对方将商标注册证书复印件交我方备查，并取得对方要求我方生产的授权书，或将有关商标使用注意事项列入合同中，一旦发生产权纠纷，便于双方分清责任。

无论是凭买方样品、卖方样品还是对等样品达成交易，合同一经成立，凭已成交的样品，就成为履行合同时双方交接货物的品质依据。为防止履行合同时发生不必要的纠纷，在凭样品销售交易中，卖方须承担成交货物的品质与样品一致的责任。必要时可采用封样（Scaled Sample）的方式，即由公证机构在一批商品中抽取同样品质的样品若干份，在每份样品上铅封，供交易当事人使用。封样也可由发样人自封或由买卖双方共同加封。

在凭样品买卖中，要特别注意下列事项：

①凭卖方样品交货，应在合同中列明："品质以卖方样品为准"（Quality As Per Seller's Sample）。

②卖方提供的样品不能侵犯第三方工业产权或其他知识产权。

③卖方提供的样品必须具有代表性，样品质量不能定得过高或过低。

④卖方应保留至少一份（件）"留样"（Kept Sample）或"复样"，并列明相同编号及送交日期，以便核对。留存样应妥善保管，以保证样品品质的稳定。

⑤凭买方样品买卖，通常在合同中列明"品质以买方样品为准"（Quality As Per Buyer's Sample）。

⑥凭对等样品买卖，卖方所交货物品质，必须以"对等样品"或"回样"为准，或在合同中注明"品质与样品大致相同"（Quality Shall be about Equal to the Sample）。避免因货物与样品的少许不符，造成对方提出索赔。

⑦买方要求提供样品时，卖方可根据样品价值高低决定是否要求对方支付费用。价值高的样品，可要求买方支付费用或各付一半，如果最终成交，样品费可在货款中扣除。

凭样品成交

（二）以文字说明表示货物的品质

所谓"以文字说明表示品质"（Description），即指用文字、图表、照片等方式来说明成交商品的品质。在这类表示品质方法中，可细分为如下几种。

1. 凭规格买卖（Sale by Specification）

规格是指一些足以反映货物品质的主要指标，例如成分、含量、纯度、大小、长短、粗细及性能等。买卖双方洽谈交易时，对于适合凭规格买卖的货物，应提供具体规格来说明货物的基本品质状况并在合同中订明。凭规格买卖时，货物品质的指标因货物不同而异，即使是同一货物，因用途不同，对规格的要求也会有差异。例如，买卖大豆时，如榨油用，就要求在合同中列明含油量指标；用作食品，则不一定列明含油量，但蛋白质的含量就成为应当列明的重要指标。用规格确定货物品质而进行的买卖，称为凭规格买卖。这种方法简明、方便、准确和具体，在国际贸易中使用最为广泛。

【例 5】白籼米：碎粒（最高）25%；杂质（最高）0.25%；水分（最高）15%

White rice, long - shade: broken grains (max) 25%; admixture (max) 0.25%; moisture (max) 15%

2. 凭等级买卖（Sale by Grade）

货物的等级（Grade of Goods）是指同一类货物，按其规格上的差异，分为品质优劣各不相同的若干等级。例如，我国出口的钨砂，根据其三氧化钨和锡含量的不同，可分为特级、一级、二级和三级。凭等级买卖时，由于不同等级的货物具有不同的规格，为了便于履行合同和避免争议，在品质条款列明等级的同时，最好一起规定每一等级的具体规格。如果双方都熟悉每个级别的具体规格，也可只列明等级。

【例 6】鲜鸡蛋：特级（蛋壳呈浅黄色，清洁，大小均匀，每枚蛋净重 60~65 克）

Fresh ben eggs: Grade AA (shell light brown and clean, even in size, net weight 60~65g per egg)

表 2-2 和表 2-3 给出了凭规格买卖和凭等级买卖的示例。

表 2-2 凭规格买卖示例

品名 Name of Commodity	幅宽 Width	长度 Length	经纬密度 Density of Warp / Weft	成分 Composition
大提花面料 Jacquard Fabrics	126 英寸 126″	60 码/匹 60 yds / pc	60S×40S 173×120	50%—竹纤维 50%—棉 50% Bamboo 50% Cotton

表 2-3 凭等级买卖示例

品名 Name of Commodity	货号 Art No.	规格 Specifications
中国绿茶 Chinese Tea	货号 41022 Art No. 41022	特珍眉特级 Special Chunmee Special Grade
	货号 9317 Art. No. 9317	特珍眉一级 Special Chunmee Grade 1
	货号 9307 Art. No. 9307	特珍眉二级 Special Chunmee Grade 2

3. 凭标准买卖（Sale by Standard）

货物的标准是指将货物的规格、等级标准化并以一定的文字表示出来。标准化的规格、等级所代表的品质指标即为一定规格、一定等级的指标准则。凭标准买卖必须说明其标准系什么组织制定和标准的编号、版本、年份。在国际贸易中，货物的品质标准，有的由国际标准化组织（ISO）规定，有的则由同业公会、贸易协会、科学技术协会、商品交易所等制定。世界各国都有自己的标准，如英国为BS、美国为ANSI、法国为NF、德国为DIN、日本为JIS等。此外，还有国际电工委员会IE等制定的标准。我国有国家标准、行业标准、地方标准和企业标准等。国家制定的标准，有的没有约束性，只供贸易双方选择使用，买卖双方可另行约定品质的具体要求。

由于科学技术的发展和人民生活水平的不断提高，对某些标准需要经常修改。当规定了新的标准后，旧的标准一般都废弃不用，但有时仍然持续使用一段时间。版本不同，品质标准也不同。例如，在凭药典确定品质时，应明确规定使用哪一国的药典，并同时注明该药典的出版年份。

在国际市场上买卖农产品时，由于品质变化较大而难以规定统一标准，往往采用良好平均品质（Fail Average Quality，F. A. Q.）和上好可销品质（Good Merchantable Quality，G. M. Q.）来表示。所谓良好平均品质是指在一定时期内，某地出口农副产品的平均品质水平，一般指中等货，又称大路货，是与精品货相对而言的。我国大路货的品质标准一般是以我国产区当年生产的该项农副产品的平均品质为依据而确定的。使用时在合同中同时规定该货物的主要规格和所产年份。例如，薯条，2022年产，大路货，含水分最高15%。交货时则以合同规定的具体标准作为依据。上好可销品质是指卖方需要保证所交的货物品质良好，适合商品销售，在成交时无须说明商品的具体品质。该标准含义笼统，在我国基本上不使用，它一般只适用于无法以样品或国际公认的标准来检验的产品，如木材、冷冻鱼虾等。

【例7】中国花生仁：良好平均品质，水分（最高）12%，杂质（最高）5%，含油量（最低）45%

Chinese groundnut：F. A. Q.，moisture （max）12%，admixture （max） 5%，oil content (min)45%

4. 凭品牌或商标买卖（Sale by Brand Name or Trade Mark）

品牌是指工商企业给其制造或销售的货物所冠的名称，以便与其他企业的同类产品区别开来。一个品牌可以用于一种产品，也可用于一个企业的所有产品。商标是指生产者或商号用来说明其所生产或出售的商品的标识，它可由一个或几个具有特色的单词、字母、数字、图形或图片等组成。例如，海尔牌系列产品、玉兰油化妆品系列。由于一些名牌商品的品质比较稳定，具有某些特色且能显示出消费者的地位，所以，售价远远高出同类产品。因而名牌产品的经销商与制造商们为了维护其商标的信誉，保证其利润，对其产品都规定了严格的品质控制标准和高产品标准。因此，商标和牌号本身就是一种品质象征，可采用这些商品的商标或品牌作为品质依据。例如，美国羊毛事务局所制定的世界性商标“ALL NEW WOOL”（全新毛）、日本的SONY（索尼）彩电等，不需要样品，也不需要说明书，只需商标就能确定其品质。

5. 凭说明书和图样买卖（Sale by Descriptions and Illustrations）

在国际货物买卖中，有些机器、手表、电器、大型设备及交通工具等技术密集型产品，由于其结构复杂、制作工艺不同，无法用样品或简单的几项指标来反映品质的全貌。对这类货物的品质，通常是以说明书并附以图样、照片、设计、图纸、分析表及各种数据来说明其具体性能及特点。凭说明书和图样买卖时，要求所交的货物必须符合说明书所规定的各项指标。但是，由于这些产品的技术要求比较高，品质与说明书、图样相符合的产品有时在使用时并不一定能达到设计的要求，所以，要在合同中规定“品质和技术数据必须与卖方所提供的产品说明书严格相符”的描述。

6. 凭产地名称买卖（Sale by Name of Origin）

一些地区的产品，尤其是传统农副产品，具有独特的加工工艺，在国际上享有盛誉，对于这类产品可以采用产地名称来表示其独特的品质、信誉。例如，以国家为名称的“法国香水”（France Perfume）、“德国啤酒”（German Beer），以地区为名称的“中国东北大米”“四川榨菜”“青岛啤酒”“龙口粉丝”“西湖龙井茶”“景德镇瓷器”等。这些名称不仅标注了特定的产品的产地，更重要的是对这些产品的特殊品质提供了一定的保障。

以文字表达品质

三、合同中品质条款的基本内容

（一）合同中应明确具体地规定货物的品质

品质内容包括规格/等级、标准、商标/品牌、产地名称等。凭样品买卖时，应列明样品的编号和/或提供的日期。在凭标准买卖时，一般应列明所引用的标准和标准的版本、年份。

【例8】漂白棉布 30×36 支 72×69 35/36 英寸×42 码

Bleached Cotton Shirting 30s×36s 72×69inch 35/36×42yds

【例9】玩具熊，货号 S235，20 厘米，带帽子和围巾，根据卖方于 2002 年 8 月 20 日寄送的样品

S235，20cm Toy Bear with caps and scarf，as per the samples dispatched by the Sell on 20 Aug. 2002

【例10】中国灰鸭绒，含绒量 18%，允许 1%增减

Chinese Grey Ducks Leather, Down content 18%, 1% more or less allowed

（二）对某些货物还应规定一定的品质机动幅度、品质公差和其他一些变通规定

在合同条款中，为了避免交货品质与买卖合同稍有不符而造成违约，可以在品质条款中，做些较灵活的规定。特别是一些初级产品由于品质不稳定，可对其规定一定的品质机动幅度和品质公差。

1. 品质机动幅度

品质机动幅度（Quality Latitude）是指允许卖方所交货物的品质指标在一定的幅度范围内的差异。

品质机动幅度有下列3种规定方法：

（1）规定一定的范围。即对品质指标规定一定的差异范围。卖方交货，只要在此范围内都算合格。例如，棉床单，幅宽45/46英寸。即床单尺寸只要在这个范围内均视为合乎合同规定。

（2）规定一定的极限。指对所交货物的品质规格，规定上下极限，即最大、最小、最高、最低、最多、最少各为多少，卖方交货只要没有超过规定的极限，买方就无权拒收。例如，薄荷油，薄荷脑含量最少50%（Peppermint Oil，Menthol Content 50% Min）。

（3）规定上下差异。即对所交货物的品质指标规定一定上下波动的范围。规定上下差异也是使货物的品质规格具有必要的灵活性的有效方法。例如，钢丝直径1mm±0.01mm。

在品质机动幅度范围内，一般不另行计算增减价。但如果买卖双方协商同意，也可根据交货情况增减价格，即所谓品质增减价条款，即对约定的机动幅度内的品质差异。可按照实际交货品质予以增价减价。例如，我国黄豆出口合同中规定：水分每增减1%，合同价格减增1%；不完善粒每增减1%，则合同价格减增0.5%。采用品质增减条款，一般应选用对价格有重要影响而又允许有一定机动幅度的主要品质指标，对于次要的品质指标或不允许有机动幅度的重要指标，则不能适用。

2. 品质公差

品质公差（Quality Tolerance）是工业制成品在加工过程中所允许的、也是难免的误差。其大小由科技发展水平决定，它也是国际上公认的产品品质的误差。例如，在纺织行业用同样的时间同样颜料的情况下，两锅染出来的毛线颜色完全一模一样是不可能的，它们的差异就是同行业所公认的品质公差。因此，即使合同没有规定，只要卖方交货品质在公差范围内，也不能认为违约。买方不能拒收，也不能以此要求调整价格。但为了明确起见，还是应在合同品质条款中订明具体的品质公差。例如，出口手表，允许每48小时误差1秒；出口棉布，每匹可以有0.1m的误差。

品质机动幅度和品质公差的综合对比如表2-4所示。

表 2-4 规定品质的方法

规定方法	规定内容	示例
品质机动幅度	规定某项品质指标允许有差异的范围	花色布幅宽 45″/46″ Printed Shirting Width 45″/46″
	规定上下极限 （Max X% 或 Min X%）	大豆含油量最低 18%，水分最高 8%，杂质最高 2%（Soybean Oil Content Min 18%；Moisture Max 14%；Admixture Max 2%）
	规定上下差异（+/-X%）	羽绒服 含绒量 90%，+/-1%
品质公差	国际上公认的品质误差，允许卖方所交货物的特定品质指标有公认的差异	（1）出口手表，允许每 48 小时误差 1 秒； （2）出口棉布，每匹可以有 0.1m 的误差

品质机动幅度

四、制定品质条款时应注意的问题

1. 正确运用各种表示品质的方法

品质条款的内容，必须涉及表示品质的方法，采用何种表示品质的方法，应视商品特性而定。一般地讲，凡能用科学的指标说明品质的商品，则适于凭规格、等级或标准买卖。有些难以规格化和标准化的货物，如工艺品、古玩、土特产，则适于凭样品买卖；某些品质好并具有一定特色的名优产品，适于凭品牌或商标买卖；某些性能复杂的机器，如电器和仪表，则适于凭说明书和图样买卖；凡具有地方特色的产品，则可凭产地名称买卖。上述这些表示品质的方法，不能随意滥用，而应当合理选择。应注意能用一种方法表示品质的不用两种或以上的方法表示，若需要用两种以上方法表示，必须保证陈述的内容与货物一致，不能相互抵触，否则会给履约带来困难。

2. 品质条款要有科学性和合理性

（1）内容要简单、具体、明确。

（2）高低限制要适度。

（3）各质量指标间要协调。

3. 品质条款规定需科学合理，有一定的灵活性

力求明确、具体、完整、简洁，不宜采用诸如“大约”“合理公差”之类模糊、笼统的字眼。对某些制成品和初级产品，根据其特性和实际需要规定品质机动幅度或品质公差。

五、品质条款示例

【例 11】 Quality：Quality to be strictly as per sample submitted by seller on the 10th January, 2004. Sample Number：NT002 Plush Toy Bear. Size：24″.

品质：质量应严格符合卖方于2004年1月10日提供的样品。样品号：NT002长毛绒玩具熊。尺码：24英寸。

【例12】Quality：Northeast Soybean，Moisture（max）14%. Admixture（max）1%. Oil content（min）18%.

品质：东北大豆，水份最高14%，杂质最高1%，不完善粒最高7%，含油量最低18%。

【例13】Quality：Chinese Green Tea，Special Chunmee Special Grade Art. No. 41022.

品质：中国绿茶，特珍眉特级，货号41022。

【例14】Quality：Quality and technical data to be strictly in conformity with the description submitted by the seller.

品质：品质和技术数据必须与卖方提供的产品说明书严格相符。

【例15】Quality："Golden Star" brand colour television set. Model：SC374 PAL/BG. System：220V，50Hz，2 round pin plug，with remote control.

品质："金星牌"彩色电视机。型号：SC374，制式PAL/BG，220V，50Hz，双圆头插座，带遥控。

1.1.3 数量条款拟定

一、数量条款的基本内容

（1）买卖合同中的数量条款，主要包括成交货物的数量和计量单位。

（2）按重量成交的商品，还需订明计算重量的方法。

（3）数量机动幅度条款/数量增减条款/溢短装条款（More or Less Clause）。

有些大宗商品，如粮食、矿砂、化肥、食糖等，由于货物的性质难以准确地按约定数量交货，一般规定数量机动幅度条款/数量增减条款/溢短装条款，就是卖方交货时允许多交或少交一定比例的数量的规定。只要卖方交货数量在约定的增减幅度范围内，按合同规定数量交货了，买方就不得拒收或提出索赔。例如，5% more or less is acceptable。

二、度量衡制度及计量单位

在国际货物买卖中，商品的数量（Quantity）是进出口货物买卖合同中的主要条款之一，是双方交接货物的数量依据。由于商品的种类、特性和各国度量衡制度的不同，所使用的计量单位和计量方法也多种多样。在国际贸易中，通常采用公制（米制）（The Metric System）、英制（The British System）、美制（The U. S. System）和国际标准计量组织在公制基础上颁布的国际单位制（The International System of Unite，SJ）。根据《中华人民共和国计量法》规定:“国家实行法定计量单位制度。国际单位制计量单位和国家选定的其他计量单位为国家法定计量单位。”目前除了个别特殊领域外，一般不许再使用非法定计量单位。我国出口商品，除照顾对方国家贸易习惯约定采用公制、英制或美制计量单位外，应使用我国法定计量单位。对我国进口的机器设备和仪器等应要求卖方使用我国法定计量单位，否则，一般不许进口，如确有特殊需要，也必须经有关标准计量管理部门批准。

上述不同的度量衡制度导致同一计量单位所表示的数量有差异。为了解决由于各度量衡不一致带来的弊端，国际标准计量组织在各国广为通用的公制基础上采用国际单位制。国际单位制的实施和推广，标志着计量的日趋国际化和标准化。现在已有越来越多的国家采用国际单位制。

度量衡制度

（一）度量衡制度

不同的度量衡制度与采用的国家如表 2-5 所示。

表 2-5 度量衡制度名称及使用国家一览表

度量衡制度名称	国家或地区
公制（The Metric System）	东欧、拉美、东南亚、非洲等国
英制（The British System）	英国、新西兰、澳大利亚等国
美制（The U. S. System）	北美国家
国际单位制（The International of Unit）	全球多个国家

（二）计量单位

由于各国度量衡制度不同，所使用的计量单位各异。国际贸易中，根据商品的不同特性，通常使用的计量单位如表 2-6 所示。

表 2-6 常用计量单位名称及缩写一览表

计量单位种类	中文名称	英文名称	缩写	适用商品
重量单位（Weight）	公吨	Metric Ton	M/T	农副产品、矿产品及部分工业制成品。如大米、谷物、羊毛、煤等
	长吨	Long Ton	L/T	
	短吨	Short Ton	S/T	
	千克	Kilogram	KG	
	克	Gram	G	
	盎司	Ounce	OZ	
	磅	Pound	LB	

续表

计量单位种类	中文名称	英文名称	缩写	适用商品
数量单位（Number）	件	Piece	PC	日用工业制成品及杂货类商品。如文具、成衣、车辆等
	双	Pair		
	套	Set		
	袋	Bag		
	包	Bale		
	打	Dozen	DOZ	
长度单位（Length）	米	Metre	M	布匹、电线、电缆、绳索、胶管等
	码	Yard	YD	
	英尺	Foot	FT	
	厘米	Centimetre	CM	
	英寸	Inch	IN	
面积单位（Area）	平方米	Square Metre	SQ. M	皮制商品、部分装潢材料。如皮革、地板、玻璃、地砖、地毯等
	平方码	Square Yard	SQ. YD	
	平方尺	Square Foot	SQ. FT	
	平方英寸	Square Inch	SQ. IN	
体积单位（Volume）	立方米	Cubic Metre	CBM/M3	木材、沙石、化学气体等
	立方尺	Cubic Foot	CU. FT/FT3	
	立方码	Cubic Yard	CU. YD/YD3	
	立方英寸	Cubic Inch	CU. IN/IN3	
容积单位（Capacity）	蒲式耳	Bushel	BU	部分谷物、流体或气体物品。如啤酒、汽油、液化气等
	升	Litre	L	
	加仑	Gallon	GAL	
	毫升	millilitre	ML	

三、计量方法

在国际贸易中，按重量计量的货物很多。根据习惯，通常采用的计算重量的方法，如表 2-7 所示。

表 2-7　计量方法一览表

计量方法	适用商品
毛重（Gross Weight）	商品本身重量+包装物重量，适用于低值商品

续表

计量方法	适用商品
净重 (Net Weight)	商品本身的重量（最常见的计重办法）
公量 (Condition Weight)	适用于吸湿性强、重量不稳定的商品，如棉花、羊毛、生丝等
理论重量 (Theoretical Weight)	适用于按固定规格设计制造的商品，如马口铁、铝锭、钢板等
法定重量 (Legal Weight)	海关对商品征收从量税时使用的计重方法，即商品本身重量+直接接触商品的包装材料重量
装运重量 (Shipping Weight)	货物发运时的重量
卸货重量 (Landed Weight)	货物在目的港卸货时的重量

（一）按毛重计

毛重（Gross Weight，GW）指货物本身的重量加包装的重量，即加上皮重（包装物的重量）。这种计重办法一般适用于低值商品。

（二）按净重计

净重（Net Weight，NW）指除去皮重的货物本身的实际重量，即由毛重减去皮重后所得之重量。净重是国际贸易中最常见的计重方法。

在采用净重计重时，对于如何计算皮重，国际上有下列几种做法：

（1）按实际皮重（Actual Tare 或 Real Tare）计算。指包装物的实际重量，对包装逐件衡量后所得的总和。

（2）按平均皮重（Average Tare）计算。如果使用的包装比较均匀，重量相差不大，就可以从整批中抽出一定的件数，称出其皮重，然后求出其平均重量再乘以总件数，即可得出整批货物的皮重。由于技术的发展和包装材料及规格的标准化，用平均皮重计算净重的做法日益普遍。有时又把它称为标准皮重。

（3）按习惯皮重（Customary Tare）计算。对于规格化的包装，其包装皮重已为市场所公认，无需一件一件地称量，只要按习惯的皮重乘以总件数即可。

（4）按约定皮重（Computed Tare）计算。以买卖双方事先约定的包装重量来计算。

（5）以毛作净（Gross for Net）计算。

对于有些低值货物，或包装与货物本身价值相差不大的，或包装本身不便分别计量的，都按其毛重进行计量、计价，这种计价方法即称为“以毛作净”。

【例 16】蚕豆 100 吨，单层麻袋包装以毛作净。

【例 17】小麦 100 公吨，麻袋装每袋 50 千克，以毛作净（Wheat 100M/T packed in gunny bags of 50kgs each，gross for net）。

在国际贸易中，大多数按重量交易的货物，都是以净重计量和作价的。如在合同中未明确规定用毛重还是用净重计量、计价的，按惯例均以净重计。

（三）按公量计

公量（Conditioned Weight）是指用科学的方法去除货物中所含实际水分，再加上标准水分后求得的重量。有些商品，如棉花、羊毛、生丝等有比较强的吸湿性，所含的水份受客观环境的影响较大，重量也就很不稳定，为了准确计算这类商品的重量，国际上通常采用按公量计算的方法，其计算办法是以商品的干净重（干量，即烘去商品水份后的重量）加上国际公定回潮率与干净重的乘积，所得出的重量，即为公量。计算公式：公量=干量+干量×国际公定回潮率=干量×(1+国际公定回潮率)。此种方法适用于价值较高，且水分含量不稳定的货物，如生丝、羊毛等。按公量计算的货物，国际上有公认的标准回潮率，如生丝、羊毛的公认的标准回潮率为 11%。

（四）按理论重量计

对于一些按固定规格生产和买卖的货物，如马口铁、钢板等，只要规格一致，则每件重量大体是相同的，所以一般可以从件数推算出总量，即理论重量（Theoretical Weight）。但是，这种计重方法是建立在每件货物重量相同基础上的，每件货物重量不同，其实际重量也会发生变化，因此，只能作为计重时的参考。

（五）按法定重量计

按照一些国家海关法的规定，在征收从量税时，货物的重量是以法定重量计算的。所谓法定重量（Legal Weight）是货物的净重加上直接接触货物的包装物料，如销售包装等重量。而除去这部分重量所表示出来的纯货物重量，则称为实物净重（Net Net Weight），又称为净重。

四、制定数量条款时应注意的问题

1. 应当明确、具体

在数量前一般不宜加“约”“大约”“近似”“左右”等字眼。由于这些含义在国际上解释不一，容易产生纠纷。根据《UCP600》第 39 条 a 款的解释，凡此类意义的词语用于涉及信用证金额或信用证所列的数量或单价时，应理解为允许对有关金额或数量或单价有不超过 10%的增减幅度。第 39 条 b 款规定，除非信用证规定货物数量不能增减，只要支取的金额不超过信用证金额，则有 5%的增减幅度。但当信用证允许在数量前用“约”“大约”“近似”“左右”等字眼，且理解为有 10%的增减幅度时，即使没有这些字眼，只要计量单位不以包装件和个数计数，在不超过信用证总金额的前提下，也有 5%的增减幅度。鉴于国际上对约数有不同解释，为了明确责任和便于履行合同，对某些难以准确地按约定数量交货的货物，可在合同中具体规定数量机动幅度。

2. 合理规定数量机动幅度条款

数量机动幅度条款主要包括数量机动幅度的大小、选择权以及计价方法等内容。数量机动幅度通常用百分比表示，其大小应视商品特性、行业或贸易习惯和运输方式等因素而定。机动幅度的选择权可以根据不同情况，由买方行使或由卖方行使。为防止卖方或买方利用数量机动幅度条款，根据自身的利益，故意增加或减少装船数量，可在机动幅度条款中加订："此项机动幅度条款只是为了适应运输实际装载量的需要时，才能适用。"如果交易数量较大，又允许分批装运，则在订立合同时应明确其伸缩幅度是指合同总量还是每批分运的数量。一般只在合同中规定一个百分比的机动幅度，对每批分运的具体幅度不作规定。这样只要交货总量在合同规定的幅度范围内，即算履约。

对溢装或短装部分的计价，如果在合同中没有特别说明，则按合同价格计算。有时为防止有权选择溢短装的一方利用行市获取额外好处，可在条款中订明溢、短装条款部分按装船时市价或货到目的地的市价计算。也可规定溢、短装部分按合同价计算。例如，数量：10000 公吨，2%增减，由买方选择；增减部分按合同价格计算。

数量机动幅度的规定方式如表 2-8 所示。

表 2-8 数量机动幅度的规定方式

数量机动幅度	具体规定	适用商品
溢短装条款（More or Less）	明确规定允许多装或少装合同数量的幅度。如：5000MT，X% more or less is acceptable	适用于较难准确按约定数量交货的大宗商品。如纺织品、粮食、矿砂、化肥、食糖等
使用"约"数	ABT 50000YDS	

溢短装条款

3. 注意列明所采用的计量单位及计算方法

在交易磋商和订立合同时，要特别注意所采用的度量衡制度，列明所采用的计量单位及计算方法。合同一经签订，卖方即应按合同规定的计量数量交货。

五、数量条款示例

【例 18】 China Rice，3000M/T with 2% more or less at Seller's Option.

中国大米，3000 公吨，卖方可溢短装 2%。

【例 19】 5000M/T，with 5% more or less at seller's option.

5000 公吨，卖方可溢装或短装 5%。

【例 20】 The seller have the option-to load 5% more or less than quantity contracted if is nessesary for the purpose to meet the shipping space and each difference shall be settled at the contract price.

数量 1000 公吨，为适应运输需要，卖方有权多装或少装 5%，超过或不足部分按合同价格计算。

【例 21】 Fish meal in gunny bags of 50kgs，gross for net.

鱼饲料麻袋包装以毛作净再装 50 千克。

【例 22】 Quantity：1000M/T，with 3% more or less at seller's option. Such excess or deficiency shall be settled at the contracted price.

数量 1000 公吨，卖方有权多装或少装 3%。超过或不足部分按合同价格计算。

1.1.4 包装条款拟定

一、包装概述

国际贸易中，除少数商品难以包装、不值得包装或根本没有包装的必要，而采取裸装或散装的方式外，其他绝大数货物都需要有适当的包装。货物的包装是保护货物在流通过程中品质完好和数量完整的重要措施，有些货物根本离不开包装，它同包装成为不可分割的统一体。例如，照相胶卷必须用黑纸加以包装才能保持其效用；流体货物和流质食品，必须盛入容器内才能进入流通领域和消费市场。货物包装是商品生产的继续，特别是在国际市场价格波动较大时，货物只有通过包装，才算完成整个生产过程，货物才能进入流通领域和消费领域，才能实现货物的使用价值。良好的包装，是提高商品身价、扩大销路，并在一定程度上显示出口国家的科学、文化、艺术水平的有效手段。在国际市场上，包装的好坏关系到货物销售价格的高低、销路的畅通，也关系到一个国家及其产品的声誉。包装是说明货物的重要组成部分，包装条件是买卖合同中的要件之一，如所用的包装材料与合同规定不符，不管是好是坏，也不管是价格高或低都是违反合同主要条款，买方有权拒收，并提出索赔。因此，应在合同中对包装条件加以明确规定。

二、包装的概念

包装（Packing）是货物的盛载物、保护物和宣传物，是货物运动过程中的有机组成部分。它能保护货物品质完好无损，美化宣传商品，达到促销目的。需要注意的是，这里的包装具有双重含义：一是盛载物；二是买卖合同的一项交易条件，卖方交货未按合同规定包装，则构成违约。案例中业务员擅自将合同规定的每听 100 克装，改为每听 200 克装，即构成了卖方违约，不仅要给予经济赔偿，还可能因此而失去客户。另外，若包装不良（Insufficient Packing），船方将在大副收据上有所批注，从而产生不清洁提单，也影响安全收汇。

三、包装的种类

包装按其在流通过程中所起作用的不同，可分为销售包装和运输包装两大类。

（一）销售包装

销售包装又称小包装、内包装、直接包装或陈列包装，是指直接接触商品，进入零售市场直接与消费者见面的一种包装。这类包装除了保护货物外，还拥有便于消费者识别、选购、携带和使用的功能，更具有美化宣传和无声推销的作用。为了使销售包装适应国际市场需要，在设计和制作销售包装时，应体现下列要求：便于陈列展销，便于识别商品，便于携带和使用，还要有艺术吸引力。

（二）运输包装

在国际贸易中，货物需要通过长途运输才能到达收货人和消费者手中。为了保证长途运输中的货物不受外界影响和安全到达，就需要合理的运输包装。

运输包装又称大包装或外包装。它具有通风、防潮、防震、防锈蚀、防失散、防盗等功能，起到保护货物，便于运输、储存、计数和分拨的作用。

运输包装又分为单件运输包装和集合运输包装。前者是指在运输过程中作为一个计件单位的包装，如箱（Case）、包（Bale）、袋（Bag）、桶（Drum）、瓶（Bottle）、罐（Jug）等。后者是指将若干单件运输包装组合成一件大包装，以便更有效地保护商品，提高装卸效率和节省运输费用，又叫复合运输包装或成组化运输包装。常见的有集装袋（Flexible Container）、集装包（Flexible Container）、集装箱（Container）和托盘（Pallet）等。

国际贸易货物，除少数散装货（Bulk Cargo，Cargo in Bulk）和裸装货（Nude Cargo）以外，绝大多数商品都需要有适当的包装。

四、包装的选用及其与运输的配合

（一）选用包装时应当注意的问题

（1）包装容器须由国家出入境检验检疫局检验许可方能制作和投入使用。（查询相关法律规定，完善和增加相关内容，可以登录商务部科技司或商检局网站）

（2）选择包装材料及填充物时要注意国外的规定。有的国家要求进口货物的包装必须采用可循环再生、焚毁、掩埋的绿色包装材料。例如，有的国家禁止未经蒸煮的木板、木条制作的包装物进入，有的国家禁止用稻草作为包装材料，有的国家严格限制玻璃、陶瓷之类的包装进口，还有的国家不允许用报纸做填充物。违反这些规矩，货物就会被海关扣押。包装容器须由国家出入境检验检疫局检验许可方能制作和投入使用。

（3）包装的色调、图案和文字说明要适应进口国家消费者的风俗习惯和爱好。如日本人喜欢鸭子而不喜欢荷花。有的国家不喜欢红色，有的地方忌用墨绿色。英国人认为象的图形不吉利，而东南亚一些国家则喜爱用象作图案。伊斯兰国家忌用猪作图案等。我们切不可以自身的喜好取而代之。只有了解和熟悉各个国家和地区人民的爱好和风俗习惯，才能使装潢更富有艺术性和招徕买方的魅力，达到扩大出口的目的。

（4）包装的选用要适应商品的特性及不同的运输方式。比如，装有闹钟、手表、剪刀、电池、自行车零件等货物的包装容器，必须达到标准的干燥程度，起到防湿、防锈、防氧化作用；玻璃器皿、灯罩、台扇、收音机、电视机等货物的包装容器，要有一定的缓冲材料填塞入内，如纸屑、刨花、泡沫、纸壳等，起到防震、防碎、防损作用；皮鞋、票夹、日用手套、皮箱等，易霉变、受虫蛀，包装材料不仅要求干燥，还要放入杀虫剂、防潮剂等；硫酸的包装容器要求全部密封严实，内层要有防腐涂料；化妆品包装容器要防渗漏和防止异味侵入；罐头食品需要真空包装；鱼虾、疫苗需冷冻、保鲜包装。包装容器要同货物体重相适宜，不可过大也不可过分压缩，以保证货物的完好无损。另外，海运包装要注意牢固、防挤压，注意海水、雨水渗透和温度变化的影响等；铁路、公路运输包装要具有防震功能；航空运输包装需要轻便，体积不宜过大。

（5）销售包装要刷制条形码（Product Code）。物品条形码表示一定的信息，它通过光电扫描阅读装置输入相应的计算机网络系统，即可判断出该种货物的生产国别、地区、生产厂家、品种规格及售价等（见图 2-1）。为适应国际市场需求和扩大出口，1991 年 4 月，我国正式加入国际物品编码协会，该会分配给我国的国别号为 690、691、692（不包括港、澳、台地区）。凡标有 690、691、692 条码的商品即表示是中国出口的货物，此外，我国的书籍代码是 978，杂志代码是 977。条形码标识主要用于商品的销售包装。它不仅能够促进和扩大商品在各国商场内的销售，而且使得货物的分类和输送更为迅速、准确，极大地方便了货物的储存和运输，总之，条形码是商品能够流通于国际市场的一种通用的国际语言和统一编号，是商品进入超市和大型百货商店的先决条件。

图 2-1　条形码示例

（6）包装的设计制作要便于各环节人员的操作。每件包装的重量和体积要适当，利于人工搬运，常用的纸箱包装采用塑料打包带，打成井字或双十字型，易于提起。

（二）纸箱包装与集装箱的配合

在国际货物运输中，纸箱包装的货物占很大比重，而采用集装箱运送货物已经普及。

在设计制作纸箱时，除考虑货物的体积、形状外，还要考虑集装箱的重量和容积，以便合理计算内装件数，尽可能占有集装箱空间，减少运费损失。在实际业务中，经常使用的集装箱有以下两种。

（1）20英尺集装箱。也称20英尺货柜（Twenty-foot Equivalent Unit，TEU）。它是国际上计算集装箱的标准单位。规格为8英尺×8英尺×20英尺，内径尺寸为5.9米×2.35米×2.38米，最大毛重为20吨，最大容积为31立方米，一般可装17.5吨或25立方米货物。

（2）40英尺集装箱。规格为8英尺×8英尺×40英尺，内径尺寸为12.03米×2.35米×2.38米，最大毛重为30吨，最大容积为67立方米，一般可装25吨或55立方米货物。一个40英尺集装箱相当于2个TEU。

在实际业务中，集装箱装载数量与包装容器的长、宽、高的组合及各边是否受固定有极大关系。一般有两种情况：一是包装尺寸受产品特性、客户要求、打包机设备固定的限制。例如，清洁精必须竖立，那么包装箱高度即成固定；客户要求每箱24听装就不能装20听。二是包装箱尺寸可配合集装箱的规格，最大限度地装满集装箱。

五、包装标识的含义及其种类

1. 包装标识的含义

包装标识是为了方便货物运输、装卸及储存，便于识别货物和防止货物损坏而在货物外包装上刷写的标识。制作包装标识时要简明清晰、易于辩认；着色牢固、防止海水或雨水冲湿退脱；在每件包装相反的部位上刷制相同的标识以便在货物调换摆放位置时也能看到；防止印刷错误，影响报关和装卸工作。

2. 包装标识的种类

包装标识主要包括运输标识、指示性标识、警告性标识。

（1）运输标识

运输标识（Shipping Mark）俗称唛头，由一个简单的几何图形和字母、数字、简单文字组成。通常刷印在外包装明显的部位，也是唯一体现在装运单据上的包装标识。

【例23】

EKRT—0588CN	收货人代号
CHINA	目的地
NOS. 25/100	件号
40×50×60	体积标识
G：125KGS	毛重标识
N：100KGS	净重标识
MADE IN CHINA	原产地标识

为适应多式联运及电子计算机在运输、单证制作和流转方面的应用，国际标准化组织

和国际货物装卸协会要求规范运输标识，推荐使用的标准运输标识由 4 个要素构成：收货人或买方的名称的缩写字母或简称、参考号码、目的地、件数号码。

【例 24】

ABC	收货人代号
1234	参考号
NEW YORK	目的地
C/NOS. 1-1500	件数代号

运输标识中的参考号码常用合同号、信用证号、发票号码等。目的地表明货物最终运抵地点，通常为港口。如需转运则标明转运的地点，例如，London Via Singapore，指在新加坡转船。

运输标识中的件号主要说明本件货物与整批货的关系。例如，C/NOS. 1-100。如果一批货物有 100 箱，每一箱的包装细数和规格均不相同时，则采用顺序件号的方法，即在包装上用 C/NOS. 1-100、C/NOS. 2-100、C/NOS. 3-100……表示，以便理货清查短损。C/NOS. 3-100 中的 C 表示 Carton 纸箱，3-100 中的 100 表示该批货物共计 100 件，3 则表示本件是 100 件中的第三件。在业务往来函电中，有时会见到"C/NO. 1-UP"这样的写法这表明包装件数待定，装运时按实际件数刷制。

唛头

(2) 指示性标识

指示性标识（Indicative Mark）是指针对易碎、易损、易变质的商品，用醒目的图形和简单的文字提醒有关人员在装卸、搬运和储存时应注意的事项。例如，"小心轻放""易碎""防湿""防热""防冻""由此吊起""由此开启""重心点"等。最好使用中英文两种文字。

指示性标识

我国标准的指示性标识图例如表 2-9 所示。

表 2-9 指示性标识图例

1. 易碎物品 运输包装件内装易碎品，因此搬运时应小心轻放		2. 禁用手钩 搬运运输包装时禁用手钩	
3. 向上 表明运输包装件的正确位置是竖直向上		4. 怕晒 表明运输包装件不能直接照射	

续表

5. 怕辐射 包装物品一旦受辐射便会完全变质或损坏		6. 怕雨 包装件怕雨淋	
7. 重心 表明一个单元货物的重心		8. 禁止翻滚 不能翻滚运输包装	
9. 此面禁用手推车 搬运货物时此面禁放手推车		10. 堆码层数极限 相同包装的最大堆码层数，n 表示层数极限	
11. 堆码重量极限 表明该运输包装件所能承受的最大重量极限		12. 禁止堆码 该包装件不能堆码，并且其上也不能放置其他负载	

（3）警告性标识

警告性标识（Warning Mark）又称危险品标识，是指对一些易燃品、爆炸品、有毒品、腐蚀性物品、放射形物品等危险品在其运输包装上清楚而明显刷制的标识，以示警告。它一般是由简单几何图形、文字说明和特定图案组成。一些国际组织也有规定。例如，联合国政府间海事协商组织公布了《国际海运危险品标识》，国际海运协会也曾制定《国际海运危险货物规则》，并规定在出口危险品的外包装上要刷写国际海运危险品标记，有些国家已照此执行。为使我国出口货物运输方便，出口危险品时，除刷写我国国内危险品标识外，还应刷制国际海运危险品标识，以避免货物到达国外港口时发生不准靠岸卸货而被迫改港、绕航等问题。

警示性标识

我国危险货物包装标识图例如表 2-10 所示。

表 2-10　警告性包装标识图例

 包装标识 1 爆炸品标识 （符号：黑色；底色：橙红色）	 包装标识 2 爆炸品标识 （符号：黑色；底色：橙红色）	 包装标识 3 爆炸品标识 （符号：黑色；底色：橙红色）
 包装标识 4 易燃气体标识 （符号：黑色或白色；底色：正红色）	 包装标识 5 不燃气体标识 （符号：黑色或白色；底色：绿色	 包装标识 6 有毒气体标识 （符号：黑色；底色：白色）
 包装标识 7 易燃液体标识 （符号：黑色或白色；底色：正红色）	 包装标识 8 易燃固体标识 （符号：黑色；底色：白色红条）	 包装标识 9 自然物品标识 （符号：黑色；底色：上白下红）
 包装标识 10 遇湿易燃物品标识 （符号：黑色或白色；底色：蓝色）	 包装标识 11 氧化剂标识 （符号：黑色；底色：柠檬黄色）	 包装标识 12 有机过氧化物标识 （符号：黑色；底色：柠檬色）

续表

包装标识 13 剧毒品标识 （符号：黑色；底色：白色）	包装标识 14 有毒品标识 （符号：黑色；底色：白色）	包装标识 15 有毒品标识 （符号：黑色；底色：白色）
包装标识 16 感染性物品标识 （符号：黑色；底色：白色）	包装标识 17 一级放射性物品标识 （符号：黑色；底色：白色，附一条红竖线）	包装标识 18 二级放射性物品标识 （符号：黑色；底色：上黄下白，附二条红竖线）
包装标识 19 三级放射性物品标识 （符号：黑色；底色：上黄下白，附三条红竖线）	包装标识 20 腐蚀品标识 （符号：上黑下白；底色：上白下黑）	包装标识 21 杂类标识 （符号：黑色；底色：白色）

六、中性包装和定牌、无牌

采用中性包装（Neutral Packing）和定牌、无牌，是国际贸易中常用的习惯做法。中性包装是指在商品上和内外包装上不注明生产国别和生产厂名，也不注明商标或牌号的包装。中性包装分为无牌中性包装和定牌中性包装两种。前者指既无生产地名和厂商名称，又无商标、牌号的中性包装；后者指包装上仅有买方指定的商标或牌号，但无生产地名和出口厂商名称。采用中性包装，是为了打破某些进口国家或地区的关税和非关税壁垒以及适应交易的特殊需要（如转口贸易等），它是出口国厂商加强对外竞争和扩大出口的一种手段，在外贸业务中可酌情采用。但在实际业务中必须注意避免触犯某些国家的法律或发生侵犯第三方工业产权的行为。

定牌是指卖方按买方要求在其出售的商品或其包装上使用买方指定的商标和牌号。其目的是利用买方的经营能力、商业信誉或名牌声誉，以提高售价和扩大销路。出口企业在接受客户定牌的同时，还要注意买方商标或品牌的合法性，防止侵犯他人工业产权。

无牌是指按买方要求卖方在其出售的商品或其包装上免除任何商标和牌号。其主要目的是避免浪费、节约广告费用、降低销售成本，薄利多销。主要用于半制成品和低值易耗的日用消费品的交易。

七、合同中的包装条款

包装条款也称包装条件，主要包括包装材料、包装方式、包装件数、包装标识和包装费用等内容。按照国际惯例和有关国家的法律规定，包装条件是主要的交易条件之一，是货物说明的主要部分。如果货物的包装与合同的规定或行业惯例不符，买方有权索赔损失，甚至拒收货物。

（一）包装条款示例

【例 25】木箱装，每箱净重 60 千克（In wooden cases of 60kgs net each）。

【例 26】单层新麻袋，每袋净重 40 千克（In new single gunny bags of 40kgs net cach）。

【例 27】布包，每包 10 匹，每匹 42 码（In cloth bales each containing 10pcs. of 42yds）。

【例 28】每 10 件装一盒子，20 盒装一出口纸箱（10 pieces to a box，20 boxes to an export carton）。

【例 29】铁桶装，每桶净重 40 千克（In iron drums of 40kgs net each）。

【例 30】麻袋装，每袋 50 千克，以毛作净（In gunny bags of 50kgs each，gross for net）。

【例 31】纸箱装，每箱 60 听，每听 1000 片（In cartons containing 60tins of 1000tab. each）。

【例 32】布包，每包 20 匹，每匹 40 码（In cloth bales each containing 20pcs. of 40yds）。

【例 33】每件装塑料袋，1 打一盒，10 盒一纸箱，4 箱装一木箱（Each pc packed in a polybag，1doz. to a box，10 boxes to a carton，4 cartons to a wooden case）。

【例 34】纸箱装，内衬聚乙烯袋，每袋净重 50 磅（In cartons lined with polythene bags of 50lbs net each）。

（二）订立合同包装条款时应注意的问题

1. 对包装的规定要明确具体

约定包装时，应明确具体，不宜笼统规定。例如，使用“适合海运包装”（Seaworthy Packing）、“习惯包装”（Customary Packing）和“卖方惯用包装”（Seller's Usual Packing）之类的术语。此类术语无统一解释，易引起纠纷，除非是长期合作的贸易伙伴，已经取得一致认识，否则不宜采用。

2. 要结合货物特点和不同运输方式选择包装

货物的特性、形状和使用的运输方式不同，对包装的要求也不相同。在约定包装材料、包装方式、包装规格和包装标识时，必须考虑货物在储运和销售过程中的实际需要，来确定适宜的包装。

3. 明确包装物料提供与费用负担的相关事项

出口货物的包装通常由卖方提供，包装费用一般包括在货价之内（Packing Charges Included）。如果买方有额外包装要求，由买方承担费用并规定具体的支付办法；如果包装材料由买方供应，还应订明包装材料最迟到达卖方的时限和逾期到达的责任。

4. 明确装箱细数及其配比

装箱细数是指每个包装单位内所装的商品个数。如果整批货只有一个规格或尺码，则按要求的数量装箱即可；如果有多个规格尺码或多种颜色，则要注意每件包装内容的搭配（Assortment）。比如，T 恤衫 500 打，尺码 32、34、36、38、40，每个尺码 100 打分装 5 箱。如果把 32 码的装在一箱，34 码的又装另一箱，这会给买方带来很大不便。有时因储存地点的限制，需要分批提货时，单码包装就会给销售会带来很大不便。因此，对混色混码包装的货物一定要明确装箱配比，并按要求办理。

5. 明确唛头的指定

按照国际贸易惯例，唛头一般由卖方决定，无须在合同中做具体规定。如果买方要求特定唛头，可在合同中列明，以便卖方据以刷制唛头（Marking）；如果买方要求合同订立后由其指定唛头，则应明确指定的最后时限，并订明“若到时未收到有关唛头通知，卖方可自行决定”。

6. 慎用中性包装

采用中性包装，是为适应转口销售、打破进口国家和地区的歧视和限制而采取的一种方法，使用定牌中性包装时更要特别慎重，避免发生侵权事件。需要指出的是，在我国一般的定牌、无牌商品中，包装上均表明“中国制造”字样。

1.2 任务清单

任务内容	任务要求
品名条款拟定	能够使用英文正确书写品名条款；能够查询品名所对应的 HS 编码、海关关税、增值税率、出口退税率、海关监管条件等信息
品质条款拟定	能够使用英文正确书写品质条款；能够根据不同商品恰当选择表示品质的方法
数量条款拟定	能够使用英文正确书写数量条款；能够正确计算溢短装数量
包装条款拟定	能够使用英文正确书写包装条款；能够设计标准化唛头

1.3 任务描述

任选 5 种自己感兴趣的商品，分别写出商品的品名（含英文品名）、对应的 HS 编码、海关关税、增值税率、出口退税率、海关监管条件等信息。同时写出该 5 种商品对应的品质、数量及包装条款的英文形式。

1.4 任务实施

任务分组

班级		组号		指导教师	
组长			学号		
组员			学号		

步骤一：写出 5 种商品的英文品名条款及对应的 HS 编码、海关关税、增值税率、出口退税率、海关监管条件等信息。

步骤二：写出上述 5 种商品的品质、数量及包装条款的英文形式。

步骤二：组与组之间交叉互审每个条款书写是否正确，错误之处应指出。

任务工单

任务名称	任务要求
品名条款	任选 5 种自己感兴趣的商品，分别写出商品的品名（含英文品名）、对应的 HS 编码、海关关税、增值税率、出口退税率、海关监管条件等信息

续表

任务名称	任务要求
品质条款	使用英文写出上述 5 种商品的品质条款
数量条款	使用英文写出上述 5 种商品的数量条款及溢短装条款
包装条款	使用英文写出上述 5 种商品的包装条款并设计标准化唛头

1.5 任务评价

任务内容	评价指标	分值	得分
品名条款	5 种商品的品名条款及相关信息书写是否正确	25	
品质条款	5 种商品的品质条款书写是否正确	25	
数量条款	5 种商品的数量条款书写是否正确	25	
包装条款	5 种商品的包装条款书写是否正确	25	
总计		100	

1.6 技能巩固

翻译下列货物描述条款：

1. 中国花生 1000 公吨，以毛作净，卖方可溢短装 5%，增减部分按合同价格计算。
2. 数量：3000 箱，60000 打，20 打/箱。
3. 数量：20000 公吨，卖方可溢短装 5%。
4. 木箱装，每箱净重 50 千克。
5. 纸箱装，每箱净重 40 千克。
6. 单层新麻袋包装，每袋 50 千克。
7. 每 10 件装一盒子，20 盒装一出口纸箱。
8. 铁桶装，每桶净重 50 千克。
9. 布包，每包 10 匹，每匹 42 码。

1.7 知识拓展

条码技术的应用

一、条码技术简介

条码技术最早出现在 20 世纪 40 年代。当时美国两位工程师研究用条码表示信息，并于1949年获得世界上第一个条码专利。这种最早的条码由几个黑色和白色的同心圆组成，被形象地叫作牛眼式条码。这个条码与我们广泛应用的一维条码在原理上一致，它们都是用深色的条和浅色的空来表示二进制数的“1”和“0”。只是，当时美国印刷工业水平和商品经济发展还没有能力使用条码技术。

1966年，IBM和NCR两家公司在调查了商店销售结算口使用扫描器和计算机的可行性基础上推出了世界上首套条码技术应用系统。这个系统把物品价格记录在物品包装的磁条上，当物品通过扫描器时，扫描器就读出了磁条上的信息。

1970年，美国食品杂货工业协会发起组成了美国统一代码委员会（简称UCC），UCC的成立标志着美国工商界全面接受了条码技术。1972年，UCC将UPC条码作为统一的商品代码，用于商品标识，并且确定通用商品代码UPC条码作为条码标准在美国和加拿大普遍应用。这一措施为今后商品条码统一和广泛应用奠定了基础。

1973年，欧洲的法国、英国、联邦德国、丹麦等12个国家的制造商和销售商发起并筹建了欧洲的物品编码系统。并于1977年成立欧洲物品编码协会（简称EAN协会）。EAN协会推出了与UPC条码兼容的商品条码：EAN条码。这一新生事物在欧洲一出现，立刻引起世界上许多国家的制造商和销售商的兴趣。世界上许多非欧美地区的国家也纷纷加入了EAN协会。1981年，欧洲物品编码协会改名为国际物品编码协会（简称IAN），由于习惯叫法，直到今天仍然称EAN组织。

图2-2　条码示例

我国于1988年成立中国物品编码协会，并于1991年4月正式加入EAN组织。目前我国商品使用的前缀码就是EAN国际组织分配给我国的690、691、692、693……

由于条码技术与计算机技术结合使用有很多优点，所以在商品流通领域得到广泛应用，并且在邮电、银行、图书馆、物流管理，甚至当今最热门的电子商务、产、供、销一体化的供应链管理中都得到广泛的应用（见图2-3）。所以还有很多用于管理的条码也应运而生，比如128条码、39码、交叉二五码、CODABAR码等，这些条码都是用于管理系统的一维条码。

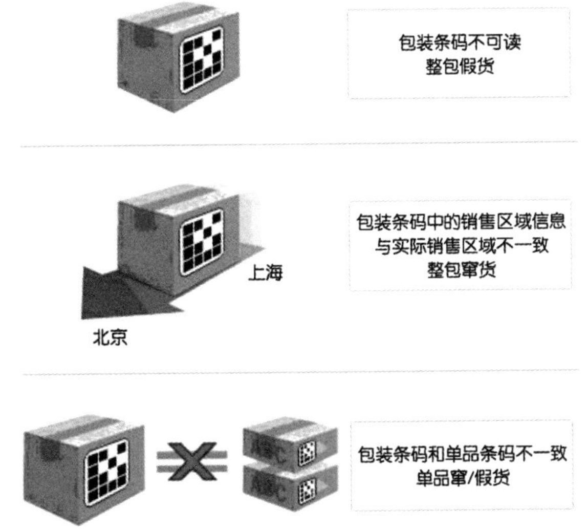

图 2-3 条码技术应用示例

随着条码技术应用领域的扩大，人们对条码技术的需求层次也在不断提高，人们不但要求条码技术能够解决计算机的数据输入速度、数据输入正确性等问题，而且希望条码技术还能解决将更多信息印刷在更小面积上等其他一些问题。到了20世纪80年代后期，一种能够在更小面积上表示更多信息的新条码产生了，这就是二维条码。由于二维条码在平面的横向和纵向上都能表示信息，所以与一维条码比较，二维条码所携带的信息量和信息密度都提高了几倍，二维条码可表示图象、文字、声音。二维条码的出现，使条码技术从简单地标识物品转化为描述物品，它的功能起到了质的变化，条码技术的应用领域也就扩大了。

起源于20世纪40年代，研究于60年代，应用于70年代，普及于80年代，发展于90年代的条码技术，作为一种可印制的计算机语言，发挥着它不可替代的作用。可以预言，随着经济全球化，信息网络化时代的到来，条码技术的应用前景将是美好的。

二、条码技术的应用领域

条码是将线条与空白按照一定的编码规则组合起来的符号，用以代表一定的字母、数字等资料。在进行辨识的时候，是用条码阅读机（即条码扫描器又叫条码扫描枪或条码阅读器）扫描，得到一组反射光信号，此信号经光电转换后变为一组与线条、空白相对应的电子讯号，经解码后还原为相应的文字、数字，再传入计算机。

条码技术是在计算机应用和实践中产生并发展起来的一种广泛应用于商业、邮政、图书管理、仓储、工业生产过程控制、交通等领域的自动识别技术，具有输入速度快、准确度高、成本低、可靠性强等优点，在当今的自动识别技术中占有重要的地位。现如今条码辨识技术已相当成熟，其读取的错误率约为百万分之一，首读率大于98%，是一种可靠性高、输入快速、准确性高、成本低、应用面广的资料自动收集技术。世界上约有225种以上的一维条码，每种一维条码都有自己的一套编码规格，规定每个字母（可能是文字或数字或文数字）是由几个线条（Bar）及几个空白（Space）组成，以及字母的排列。一般较流行的一维条码有39码、EAN码、UPC码、128码，以及专门用于书刊管理的ISBN、ISSN等。

任务 2 合同中完整货描条款拟定

2.1 任务知识

一、货物描述条款

合同中的货物描述条款主要包括货物的品名条款、品质条款、数量条款和包装条款，统称为货物描述条款，简称为“货描”条款，是合同中最基本的条款之一。

二、货物描述条款示例

货描条款示例如表 2-11 所示。

表 2-11 货描条款

<table>
<tr><td colspan="4">买卖双方同意以下条款达成交易：
This contract is made by and agreed between the buyer and seller, in accordance with the terms and conditions stipulated below.</td></tr>
<tr><td>1. 品名及规格
Commodity & Specification</td><td>2. 数量
Quantity</td><td>3. 单价及价格条款
Unit Price & Price Terms</td><td>4. 金额
Amount</td></tr>
<tr><td>CHINAESE CERAMIC DINNERWARE
HX201645-PIECE DINNERWARE
HX301830-PIECE DINNERWARE
HX401557-PIECE DINNERWARE
HX501485-PIECE DINNERWARE</td><td>SETS
542
800
443
254</td><td></td><td></td></tr>
<tr><td>Total:</td><td>2039</td><td></td><td></td></tr>
<tr><td>5. 总值
Total Value</td><td colspan="3"></td></tr>
<tr><td>6. 包装
Packing</td><td colspan="3">TWO SETS TO A CARTON OF HX3018, HX2016, X4015 AND HX5014 IS ONE SET TO A CARTON, ALTOGETHER IS 1639 CARTONS</td></tr>
<tr><td>7. 唛头
Shipping Marks</td><td colspan="3">TBC
SHHX07027
TORONTO
CTN/NOS. 1-1639</td></tr>
</table>

2.2 任务清单

任务内容	任务要求
货描条款拟定	能够使用英文正确书写品名条款；能够查询品名所对应的 HS 编码、海关关税、增值税率、出口退税率、海关监管条件等信息
	能够使用英文正确书写品质条款
	能够使用英文正确书写数量条款
	能够使用英文正确书写包装条款

2.3 任务描述

天津华升进出口贸易有限公司于 2022 年 1 月 30 日与德国汉堡安联贸易有限公司签订出口链条 CHAIN，304# STAIN STEEL ITEM No. TJSW001，50000PCS，50 PCS/CARTON，G. W. 22kgs，N. W：21. 5kgs，1000 CARTONS，一个 20 尺集装箱。纸箱包装，每个纸箱装 50 条，共 1000 个纸箱，恰好可以用一个 20 尺集装箱装运出口。请你以天津华升进出口贸易有限公司业务员李明的身份，拟定合同中的货描条款。

2.4 任务实施

任务分组

<table>
<tr><td>班级</td><td></td><td>组号</td><td></td><td>指导教师</td><td></td></tr>
<tr><td>组长</td><td colspan="2"></td><td>学号</td><td colspan="2"></td></tr>
<tr><td rowspan="4">组员</td><td colspan="2"></td><td rowspan="4">学号</td><td colspan="2"></td></tr>
<tr><td colspan="2"></td><td colspan="2"></td></tr>
<tr><td colspan="2"></td><td colspan="2"></td></tr>
<tr><td colspan="2"></td><td colspan="2"></td></tr>
</table>

步骤一：写出商品的品名条款。

步骤二：写出商品的品质条款。

步骤三：写出商品的数量条款。

步骤四：写出商品的包装条款。

步骤五：组与组之间交叉互审每个条款书写是否正确，错误之处应指出。

任务工单

货描条款

<table>
<tr><td colspan="4">买卖双方同意以下条款达成交易：
This contract is made by and agreed between the buyer and seller, in accordance with the terms and conditions stipulated below.</td></tr>
<tr><td>1. 品名及规格
Commodity & Specification</td><td>2. 数量
Quantity</td><td>3. 单价及价格条款
Unit Price & Price Terms</td><td>4. 金额
Amount</td></tr>
<tr><td></td><td></td><td></td><td></td></tr>
<tr><td>Total:</td><td></td><td></td><td></td></tr>
<tr><td>5. 总值
Total Value</td><td colspan="3"></td></tr>
<tr><td>6. 包装
Packing</td><td colspan="3"></td></tr>
<tr><td>7. 唛头
Shipping Marks</td><td colspan="3"></td></tr>
</table>

2.5 任务评价

任务内容	评价指标	分值	得分
品名条款	商品的品名条款及相关信息书写是否正确	25	
品质条款	商品的品质条款书写是否正确	25	
数量条款	商品的数量条款书写是否正确	25	
包装条款	商品的包装条款书写是否正确	25	
总计		100	

2.6 技能巩固

西安家具进出口有限公司 XI'AN FURNITURE IMPORT AND EXPORT CO., LTD. 地址：NO. 1 NANJING ROAD, YANTA DISTRICT, XI'AN, CHINA, 从意大利米兰纽琳贸易公司 NEWLIN TRADE CO., LTD. 地址：DORSODURO 3246, MILAN, ITALY 进口厨具 Kitchen14

套，合同号是 DSN-2021-01，合同签订日期是 2022 年 1 月 15 日，毛重 7619.064kgs，净重 7266.264kgs，报价为 2350EURO/set EXW 米兰，in one 40′High Container，铁路运输从米兰到西安，装运期为 2022 年 4 月 31 日前。付款方式为电汇。请你以西安家具进出口有限公司业务员的身份拟定购货合同中的品名、品质、数量和包装条款。

2.7 知识拓展

一、机构简介

海关合作理事会（Customs Co-operation Coucil）是世界性的，为统一关税、简化海关手续而建立的政府间协调组织。1947 年部分欧洲国家成立了“欧洲关税同盟研究团”。该团于 1950 年 12 月 30 日在比利时首都布鲁塞尔开会，制定了 3 个有关关税事项的公约：《设立海关合作理事会公约》《海关税则商品分类目录公约》《海关商品估价公约》。其前身关税合作理事会就是根据第一项公约于 1952 年 12 月正式成立的。理事会的宗旨是研究有关关税合作问题，审议征税技术及其经济因素，以统一关税，简化海关手续，确保对其他两个公约的统一解释和应用；监督各国的执行情况，负责调解纠纷，并向成员国提供有关关税、条例和手续方面的情报和咨询。理事会总部设在布鲁塞尔。现有成员 95 个，我国于 1983 年 7 月 18 日加入该理事会。

联合国统计委员会是联合国经济及社会理事会 9 个职司委员会之一。1946 年 6 月成立。该委员会负责联合国及其专门机构的统计工作。研究各国统计工作的规范化和配合协调问题，并就有关问题向联合国和各国政府提供建议。其主要职责是拟定统计分类、统计指导方针和统计方法的国际标准；帮助发展中国家提高统计水平和建立新的统计项目；收集国际统计资料；应联合国系统各组织的咨询提出统计数字。委员会有 24 名成员，由经社理事会按地区分配原则选举产生，任期 4 年。委员会每两年召开一次全体会议。

二、HS 编码说明

（1）HS 编码共有 22 大类 98 章。国际通行的 HS 编码由 2 位码、4 位码及 6 位码组成。6 位码以上的编码及对应商品由各国自定。自 1992 年起，中国海关采用 HS 编码体系，并且是 8 位数组成，后改为 10 位编码。每一个编号后面对应的是符合条件的产品名称。

（2）从理论上讲，一种商品只对应一个 HS 编码，而一个 HS 编码不只对应一种商品。

三、度量衡的产生

度量衡的产生，是和人类交换行为的发展分不开的，并且随着生产力的进步，度量衡也在不断变化。《礼记》《周礼》都记载，早在周朝时期就开始推行严格的度量衡管理制度，并设置了主管的官职。公元前221年，秦始皇统一中国，颁发了统一度量衡的诏令，由官府监制成套计量标准器，发到全国各地。秦王朝统一的度量衡制为两千多年封建社会所沿用，形成了我国计量科学独特的体系。

历代度量衡都经历了不断演变的过程，即逐渐地由粗糙变成精细，由简单变成复杂，特别是在器量上经历了由小变大的过程。这一特点可从唐朝李淳风所撰《隋书·律历志》中得到有力的说明。《隋书·律历志》列举了从周到隋的十五种尺，经用晋前尺来作比较后发现，十五种尺的长短虽不相同，但都有由短而长的倾向，从周代到东魏，尺的长度共增长了五寸零八毫。王国维在《论现存历代尺度》中也指出："尺度之制由短而长，殆成定例。"其实，这个结论对度量衡各个单位都是适用的，即尺度的演变由短而长，容量的演变由小到大，权衡（重量）的演变由轻而重。反映在中医药处方中，古方的用药分量，由于历代度量衡的不断迭变，以致实际分量与所用度量衡名称很不一致，同现代相差尤甚。因此我们有必要知道古代度量衡的一些基本知识，并对其变易情况有所了解，以避免混淆古今计量概念。

四、国际度量衡制度

国际制度（国际制度的缩写为SI，是国际制度的法语名称）被1960年的第11届国际计量大会用于度量衡。公制的扩大和修改版本，即国际制度针对了现代科学附加的及更加正确的度量单位的需要。国际制度的主要特点是采用了十进制法、字首体系、以不变的物理度量方式解释的标准。例如，米（长度基本单位）：（1）1790年5月，由法国科学家组成的特别委员会，建议以通过巴黎的地球子午线全长的四千万分之一作为长度单位——米。（2）1960年，第11届国际计量大会："米的长度等于氪-86原子的$2P_{10}$和$5d_1$能级之间跃迁的辐射在真空中波长的1650763.73倍。"（3）1983年10月，在巴黎召开的第十七届国际计量大会："米是1/299792458秒的时间间隔内光在真空中行程的长度。"［第17届国际计量大会（1983）］再如，千克（质量基本单位）：国际单位制中米、千克、秒制的质量单位，也是国际单位制的7个基本单位之一。法国大革命后，由法国科学院制定。原计划制作的是新颁布的质量的主单位——克的标准器，但因为当时工艺和测量技术所限，故制作了质量是克的1000倍的标准器，即千克标准原器——这也是国际单位制中质量单位是千克而不是克的原因。

2018年11月16日，第26届国际计量大会（CGPM）经包括中国在内的各成员国表决，全票通过了关于"修订国际单位制（SI）"的1号决议。根据决议，千克、安培、开尔文和摩尔等4个SI基本单位的定义将改由常数定义，于2019年5月20日起正式生效。1千克将定义为"对应普朗克常数为6.62607015×10^{-34}J·s时的质量单位"。其原理是将移动质量1千克物体所需机械力换算成可用普朗克常数表达的电磁力，再通过质能转换公式算出质量。

项目三

价格条款拟定

项目描述

天津华升进出口贸易有限公司于 2022 年 1 月 30 日与德国汉堡安联贸易有限公司签订出口链条 50000 个的合同。纸箱包装，每个纸箱装 50 个，共 1000 个纸箱，恰好可以用一个 20 尺集装箱装运出口。公司对外报价为每个链条 5 美元 FOB TIANJIN。装运期为 2022 年 5 月 15 日前。付款方式为即期信用证。海运出口从天津港到汉堡港。请你以天津华升进出口贸易有限公司业务员李明的身份，拟定价格条款。

学习目标

知识目标：

1. 了解贸易术语的含义。
2. 掌握 11 种贸易术语风险、责任、费用划分。
3. 掌握价格核算方法。

能力目标：

1. 能够正确拟定合同中的价格条款。
2. 能够正确核算对外报价。

人生目标：

在开展国际贸易过程中，作为外贸人要秉承认真严谨细致的工作作风。认真核算对外报价，做到买卖双方共赢，本着长期发展、互利互赢的原则开展报价工作。

任务1 价格条款拟定

1.1 任务知识

一、国际贸易术语的含义

国际贸易术语（International Trade Terms）有时也称价格术语（Price Terms），在我国习惯称为“价格条件”。它是指采用简短的语言或字母代号来概括表明商品的价格构成，说明货物交换过程中有关的风险、责任和费用划分问题的专门用语。

由此可见，国际贸易术语具有两重性：一方面它是用来表示价格构成因素的；另一方面它又是用来确定交货条件的，即说明买卖双方在交接货物方面彼此承担的责任、费用和风险。这两者是紧密相关的。不同的贸易术语，表明买卖双方各自承担不同的责任、费用和风险，而责任、费用和风险的大小，又影响成交商品的价格。之所以有人称其为“价格术语”或“价格条件”，就是由于贸易术语体现出商品的价格构成，按不同的贸易术语成交，会表示出成交商品具有不同的价格构成，所以，便把它当作单纯表示价格的用语。

国际贸易术语在长期的实践中，无论在数量、名称及其内涵方面，都经历了很大的变化。国际商会（ICC）于1936年制定并于1953年修订的《国际贸易术语解释通则》(International Rules for the Interprotation of Trade Terms，简称《通则》或INCOTERMS）包括9种贸易术语。后来，由于业务发展的需要，对《通则》做了多次修订。例如，为适应航空业务的发展，增加了启运地机场交货术语（FOA）；为适应集装箱多式联运业务的发展，增加了货交承运人（FRC）等术语。当《1980通则》问世时，它所包含的贸易术语已增加到14种。20世纪80年代，随着科学技术的飞速发展，通过电脑进行电子数据交换在发达国家得到日益广泛的应用，集装箱多式联运业务也在国际货物运输中进一步普及。为适应这种新的形势，国际商会又于1990年推出了《1990通则》。在《1990通则》中，删除了仅适用于单一运输方式的铁路交货术语（FOR/FOT）和启运地机场交货术语（FOA），增加了未完税交货术语（DDU）。这样，将原来的14种术语改为13种术语，并且对部分术语的国际代码做了适当的变动，对各种贸易术语的解释更加系统化、条理化和规范化。随着21世纪的到来，国际商会又根据出现的无关税区的广泛发展、交易中使用电子信息的增多以及运输方式的变化，对已使用了10年的《1990通则》做了进一步的修订，在此基础上推出了《2000通则》。该通则保留了原来的13种术语，只是对当事人的有关义务方面做了适当的变更。《通则》自1936年问世以来，经过1953年、1967年、1976年、

1980 年、1990 年、2000 年、2010 年和 2020 年的八次修订和补充，形成了今天《通则》的第九个版本——《2020 通则》（INCOTERMS 2020）。

二、有关贸易术语的国际贸易惯例

目前国际上通行的贸易术语惯例主要有 3 个体系：国际商会制定的《国际贸易术语解释通则》、国际法协会制定的《1932 年华沙—牛津规则》（*Warsaw-Oxford Rules* 1932）和美国一些商业团体制定的《1941 年美国对外贸易定义修订本》（*Revised American Foreign Trade Definition* 1941）。由于上述各项解释国际贸易术语的规则，在国际贸易中运用范围较广，从而成为一般的国际贸易惯例。其中《2020 通则》是包括术语最多、适用范围最广和影响最大的一种。

1.《1932 年华沙—牛津规则》

这个规则是国际法协会专门为 CIF 合同制定的。19 世纪中叶，CIF 贸易术语在国际贸易中得到了广泛采用，然而对使用这一术语时买卖双方各自承担的具体义务并没有统一的规定和解释。对此，国际法协会于 1928 年在波兰首都华沙开会，制定了关于 CIF 买卖合同的统一规则，称为《1928 年华沙规则》，共 22 条。其后，在 1930 年的纽约会议、1931 年的巴黎会议和 1932 年的牛津会议上，将此规则修订为 21 条，并更名为《1932 年华沙-牛津规则》，沿用至今。该规则十分详细地解释了 CIF 合同的性质和特点，具体规定了买卖双方的责任、费用、风险的划分和所有权的转移，供买卖双方自愿采纳，并可对其中条款在合同中做双方同意的修改或补充，如有抵触，以合同的优先规定为准。这个规则为统一和确定国际贸易价格术语的内容树立了典范，被国际贸易法律界高度重视。此规则与《2020 通则》中对 CIF 的解释并不冲突，但它的解释要比《2020 通则》全面详尽。

2.《1941 年美国对外贸易定义修订本》

《1941 年美国对外贸易定义》最早于 1919 年在纽约制定，原称为《美国出口报价及其缩写条例》。后来在 1941 年美国第 27 届全国对外贸易会议上对该条例做了修订，命名为《1941 年美国对外贸易定义修订本》，并经美国商会、美国进口商协会和全国对外贸易协会所组成的联合委员会通过，由全国对外贸易协会予以公布。它共对六种术语做了解释，分别是：

（1）Ex Point of Origin（产地交货）；

（2）FOB（Free on Board）（在运输工具上交货）；

（3）FAS（Free Along Side）（在运输工具旁边交货）；

（4）C&F（Cost and Freight）（成本加运费）；

（5）CIF（Cost, Insurance and Freight）（成本加保险费、运费）；

（6）Ex Dock（Named Port of Importation）（目的港码头交货）。

该定义主要在北美国家和地区使用。其中对 FOB 的解释与《通则》相去较远，在实际做法中，FOB 已成了一般交货条件，包括 FOB 目的地、FOB 轮船、FOB 车辆等，而不似《通则》中 FOB 术语一般只适用于海运和内陆水运。对 FAS 的解释与《通则》也有明显差异，所以，在同北美国家和地区进行贸易时要特别注意。

3.《2010 年国际贸易术语解释通则》

现行的《通则》是《2020 通则》。《2020 通则》是由 ICC 在《2010 通则》基础上修订产生，并于 2020 年 1 月 1 日生效的一个国际贸易术语惯例。

三、《2010 年国际贸易术语解释通则》的理解与掌握

《2020 通则》中 11 个术语分为两类：第一类所包含的 7 个术语——EWX、FCA、CPT、CIP、DPU、DAP、DDP，可以适用于特定的运输方式，亦可适用于一种或同时适用于多种运输方式，甚至可适用于非海事运输的情形。但是需要注意，以上这些规则仅适用于存在船舶作为运输工具之一的情形。

在第二类 4 个术语中，交货点和把货物送达买方的地点都是港口，所以，只适用于海上或内陆水上运输。FAS、FOB、CFR 和 CIF 都属于这一类。最后的 3 个术语，删除了以越过船舷为交货标准，而代之以将货物装运上船。这更贴切地反映了现代商业实际且避免了风险在臆想垂线上来回摇摆这一颇为陈旧的观念。

四、六种主要贸易术语及其应用

在国际贸易中，经常使用的主要贸易术语为 FOB、CFR 和 CIF。近年来，随着集装箱运输和国际多式联运业务的发展，采用 FCA、CPT 和 CIP 贸易术语的也日渐增多。因此，必须熟悉并掌握这 6 种主要贸易术语的含义，买卖双方各自承担的责任、风险、费用以及在使用中应注意的问题。

（一）FOB 术语

1. FOB 术语及其应用

Free on Board（…named port of shipment）——装运港船上交货（……指定装运港），当货物在指定装运港装上船时，卖方即完成交货。而买方必须自该交货点起负担一切费用和货物灭失或损坏的风险。按照《2020 通则》规定，此术语只能用于海运和内河航运。如果合同当事人不采用船上交货，则改用 FCA 术语更为适宜。

2. 买卖双方基本义务的划分

按国际商会对 FOB 的解释，买卖双方各自承担的义务和责任如表 3-1 所示。

表 3-1　FOB 术语买卖双方责任划分一览表

分类	卖方	买方
常规责任	负责在合同规定时间和指定港口将货物装到指派的船上，并给予买方充分的通知	收取按合同规定交付的货物，并负责按合同规定支付价款
	办理货物出口所需的海关手续，取得出口许可证或其他核准书	办理货物进口所需的海关手续，取得进口许可证或其他核准书
	提供交货凭证、运输单据或同等作用的电子信息	接受与合同相符的单据
共同责任	承担货物在装运港装上船之前的一切费用和风险	承担货物在装运港装上船之后的一切费用和风险
主要责任	提供发票、运输单据或其他证明等	负责租船或订舱，支付运费，并给予卖方关于船名、装船地点和要求交货时间的充分通知
		负责办理保险并支付保险费

【案例 1】

我国黑龙江某外贸公司于 2022 年以 FOB 条件签订了一批皮衣买卖合同，装船前检验时货物的品质良好且符合合同的规定。货到目的港后买方提货检验时发现部分皮衣有发霉现象，经调查确认原因是包装不良导致货物受潮引致，据此买方向卖方提出索赔要求。但是卖方认为货物在装船前品质是合格的，发霉是在运输途中发生的，因此拒绝承担赔偿责任。对此争议应如何处理？

【案例 2】

我国某外贸公司以 FOB 条件出口一批冻鸡。合同签订后接到买方来电，称租船较为困难，委托我方代为租船，有关费用由买方负担。为了方便合同履行，我方接受了对方的要求。但时至装运期我方在规定装运港无法租到合适的船，且买方又不同意改变装运港。因此，到装运期满时货仍未装船，买方因销售季节即将结束便来函以我方未按期租船履行交货义务为由撤销合同。我方应如何处理？

【案例 3】

有一份出售一级大米的合同，按 FOB 条件成交，装船时货物经公证人检验，符合合同规定的品质条件，卖方在装船后已及时发出装船通知。但航行途中由于舱汗，大米部分受潮，品质受到影响。当货物到达目的港后，只能按三级大米价格出售，因而买方要求卖方赔偿损失。卖方应如何处理？

3. FOB 术语的变形

按 FOB 术语成交，卖方负担货物装上船之前的一切费用。装运港的装货费用主要包括装船费以及与装货有关的理舱费和平舱费。如买方采用班轮运输，则班轮运费已包括装货费用，即装货费由买方负担。而大宗货物采用程租船运输时，则买卖双方应规定装货费用由何方负担，并在合同中用文字做出具体规定，也可采用在 FOB 术语后加列字句或缩写，即所谓 FOB 术语的变形来表示（见表 3-2）。

表 3-2　FOB 术语的变形及装货费用规定

FOB 术语的变形	装货费用规定
FOB Liner Terms（FOB 班轮条件）	装货费由支付运费的一方（即买方）承担
FOB Under Tackle（FOB 吊钩下交货）	卖方将货物置于轮船吊钩可及之处，从货物起吊开始的装货费用由买方负担
FOB Stowed，FOBS（FOB 包括理舱）	卖方负担包括将货物装入船舱及理舱费在内的装货费用
FOB Trimmed，FOBT（FOB 包括平舱）	卖方负担包括将货物装入船舱及平舱费在内的装货费用

FOB 术语的上述变形只是明确了装货费用由谁负担，并不改变 FOB 术语交货地点以及风险划分的界限。

4. 使用 FOB 术语应注意的问题

（1）通知问题

FOB 术语中涉及两个充分通知：一是买方租船或订舱后，应将船名、装货时间和地点给予卖方充分通知。如买方未给予充分通知，指定的船舶未按时到达或未能按时受载货物，或比规定的时间提前停止装货，则由此产生的货物灭失或损失应由买方承担；二是卖方在货物装船前/时/后要给买方以充分通知。由于货物的风险在装上船时由卖方转移给买方，因此，卖方在货物装船时必须通知买方，以便买方办理投保，否则由此造成的损失应由卖方负责。

（2）美国对 FOB 术语解释与《通则》对 FOB 术语解释的差异

《1941 年美国对外贸易定义修订本》将 FOB 术语分为 6 种，其解释及运用与《2020 通则》的解释及运用有明显的差异，其中只有“指定装运港船上交货”（FOB Vessel named port of shipment）与《通则》中 FOB 术语的解释相近。然而两者在费用负担等方面仍有很大不同，主要表现在以下 3 个方面（见表 3-3）。

①美国把 FOB 笼统地解释为在某处某种运输工具上交货，其适用范围很广，因此，在同美国商订 FOB 进口合同时，除必须标明装运港名称外，还必须在 FOB 后加上“船舶”（Vessel）字样。如果只订为“FOB San Francisco”而漏写“Vessel”字样，则卖方只负责把货物运到旧金山港口并交到船上。

②在风险划分上，FOB 不是以船上交货为界，而是以船舱为界，即卖方负担货物装到船舱为止所发生的一切丢失与残损。

③在费用负担上，FOB Vessel 规定买方要支付卖方协助提供出口单证的费用以及出口税和因出口而产生的其他费用。

表 3-3 FOB 术语解释差异对照表

FOB Vessel（named port of shipment）	Free on Board（…named port of shipment）
买方付费，卖方协助买方取得出口所需证件	卖方办理货物出口所需的证件和手续
买方负担出口税额和其他税捐费用	卖方负担一切出口税捐及费用

【案例 4】

我国某外贸公司按每公吨 242 美元 FOB VESSEL NEW YORK 进口 200 公吨钢材。我方如期开出 48400 美元的信用证，但美商来电要求增加信用证金额至 50000 美元，不然有关出口税捐及签证费用应由我另行电汇。其理由是什么？

FOB 术语解析

（二）CFR

1. CFR 术语及其应用

Cost and Freight（…named port of destination）——成本加运费（……指定目的港），CFR 术语的基本含义是在 FOB 价的基础上加上装运港至目的港的通常运费。当货物在指定装运港装上船时，卖方即完成交货。卖方必须负担货物运至约定目的港所需的成本和运费，但交货后货物灭失或损坏的风险以及由于发生事件而引起的任何额外费用，自卖方转移至买方。CFR 术语只适用于海运和内河航运。如当事人不采用船上交货的方式，则应使用 CPT 术语。

2. 买卖双方基本义务的划分

CFR 术语的货价构成包括自装运港至目的港的通常运费（主要运费已付），卖方要负责订立运输合同和安排运送货物。但由于 CFR 术语与 FOB 术语一样都属于装运港交货，货物风险的划分以装运港船上为界，故货物中途灭失或损坏的风险以及货物装船后中途发生事件产生的任何额外费用，概由买方承担。CFR 术语买卖双方的责任划分如表 3-4 所示。

表 3-4 CFR 术语买卖双方责任划分一览表

分类	卖方	买方
常规责任	负责在合同规定时间和指定港口将货物装到指派的船上，并给予买方充分的通知	收取按合同规定交付的货物，并负责按合同规定支付价款
	办理货物出口所需的海关手续，取得出口许可证或其他核准书	办理货物进口所需的海关手续，取得进口许可证或其他核准书
	提供交货凭证、运输单据或同等作用的电子信息	接受与合同相符的单据
共同责任	承担货物在装运港装上船之前的一切费用和风险	承担货物在装运港装上船之后的一切费用和风险

续表

分类	卖方	买方
主要责任	租船订舱，支付运费	办理保险，支付保险费

3. CFR 术语的变形

大宗商品按 CFR 术语成交并采用程租船运输时，卸货费究竟由何方负担，买卖双方应在合同中明确规定，可在 CFR 术语后加列表明卸货费由谁负担的具体条件（见表 3-5）。

表 3-5　CFR 术语的变形及卸货费规定

CFR 术语的变形	卸货费用规定
CFR Liner Terms（CFR 班轮条件）	卸货费由支付运费的一方（即卖方）负担
CFR EX Ship's Hold（CFR 舱底交货）	买方负担将货物从舱底起吊卸到码头的费用
CFR Ex Tackle（CFR 吊钩交货）	卖方负担将货物从舱底吊至船边或驳船上，卸离吊钩为止的费用
CFR Landed（CFR 卸到岸上）	卖方负担将货物卸到目的港岸上的费用，包括驳船费和码头费

CFR 术语的变形只是明确了卸货费由何方负担，并不改变其交货地点和风险划分的界线。CFR 合同属“装运合同”。

4. 使用 CFR 术语应注意的问题

按 CFR 术语成交，由卖方安排在装运港将货物装上船，由买方自行办理货运保险。因此，在货物装上船前，即风险转移至买方前，买方及时向保险公司办妥保险，是 CFR 合同中一个至关重要的问题。因此，卖方应于装船前/时及时用电信方式向买方发出装船通知。根据有关货物买卖合同的适用法律，若因卖方遗漏或不及时向买方发出装船通知而使买方未能及时办妥货运保险，则卖方将承担违约责任。CFR 与 CIF 相比，除保险责任外，其他内容基本相同。在 CFR 术语下，由卖方办理运输，而由买方办理保险，故卖方装船后应及时向对方发出装船通知，使买方能够及时办理保险事宜，以免漏保。根据《2020 通则》规定，卖方必须给予买方说明货物已按照合同规定交货的充分通知以及要求的任何其他通知，以便买方能够为受领货物采取通常必要的措施。所谓“充分通知”必须做到及时、详尽。虽然《2020 通则》中没有对卖方未能做“充分通知”而给买方可能造成损失时，卖方应承担的责任做出明确具体的规定，但根据有关货物买卖合同的法律适用规定，如果由于卖方未能给予买方充分通知而给买方造成损失者，卖方应承担相应的法律责任。因此，在以 CFR 贸易术语出口时，应注意及时向对方发出装船通知（Shiping Advice），以免造成不必要的损失。装船通知的内容一般包括合同号、信用证号、货物名称、货物数量、货物总值、装运口岸、装运日期、装运船名及预计开航日期等。在实际业务种，应根据信用证的要求和对客户的习惯做法，将上述项目适当地列明在电文中。

【案例 5】

我国某外贸公司以 CFR 条件出口一批瓷器。我方按期在装运港装船后，即将有关单据寄交买方要求买方支付货款。过后，业务人员才发现，忘记向买方发出装船通知。此时，买方已来函向我方提出索赔，因为货物在运输途中因海上风险而损毁。我方能否以货物运输途中的风险是由买方承担为由，拒绝买方的索赔？

CFR 术语解析

（三）CIF

1. CIF 术语及其应用

Cost，Insurance and Freight（…named Port of destination）——成本、保险费加运费（……指定目的港），当货物在指定装运港装上船时，卖方即完成交货。卖方必须支付将货物运至指定目的港所需的费用、运费和保险费，但交货后货物灭失或损坏的风险以及由于发生事件而引起的任何额外费用，自卖方转移给买方。CIF 术语只适用于海运和内河运输。如双方不采用船上交货的方式，则使用 CIP 术语更为适宜。

2. 买卖双方基本义务的划分

CIF 术语买卖双方责任划分如表 3-6 所示。

表 3-6　CIF 术语买卖双方责任划分一览表

分类	卖方	买方
常规责任	负责在合同规定时间和指定港口将货物装到指派的船上，并给予买方充分的通知	收取按合同规定交付的货物，并负责按合同规定支付价款
	办理货物出口所需的海关手续，取得出口许可证或其他核准书	办理货物进口所需的海关手续，取得进口许可证或其他核准书
	提供交货凭证、运输单据或同等作用的电子信息	接受与合同相符的单据
共同责任	负担货物在装运港装上船之前的一切费用和风险	负担货物在装运港装上船之后的一切费用和风险
主要责任	租船订舱，支付运费； 办理保险，支付保险费	

【案例 6】

2021 年，我国某出口公司对加拿大魁北克某进口商出口 500 吨三路核桃仁，合同规定价格为每吨 4800 加元 CIF 魁北克，装运期不得晚于 10 月 31 日，不得分批和转运并规定货物应于 11 月 30 日前到达目的地，否则买方有权拒收，支付方式为 90 天远期信用证。加方于9月25日开来信用证。我方于10月5日装船完毕，但船到加拿大东岸时已是11月25日，此时魁北克已开始结冰。承运人担心船舶驶往魁北克后出不来，便根据自由转船条款指示船长将货物全部卸在哈利法克斯，然后从该港改装火车运往魁北克。待这批核桃仁运到魁北克已是12月2日。于是进口商以货物晚到为由拒绝提货，提出除非降价20%以弥补其损失。几经交涉，最终以我方降价15%结案，我公司共损失36万加元。试分析此案。

3. CIF 术语的变形

CFR 术语中有关卸货费用负担的问题，同样适用于 CIF 术语。为了明确卸货费用负担，也可采用 CIF 术语的变形。例如，CIF Liner Terms（CIF 班轮条件）、CIF Ex Ship's Hold（CIF 舱底交货）、CIF Ex Tackle（CIF 吊钩交货）、CIF Landed（CIF 卸到岸上）。上述 CIF 术语的各种变形，只是为了明确卸货费由谁负担，并不影响交货地点和风险转移的界线。

4. 使用 CIF 术语应注意的问题

单据买卖即象征性交货。所谓象征性交货（Symbolic Delivery），指卖方只按期在约定地点完成装运，并向买方提交包括物权凭证 B/L 在内的有关单证，就算完成了交货义务，而无须保证到货。与此相对的交货方式是实际交货（Physical Delivery），即卖方必须按照合同规定的时间和方式，将符合合同规定的货物交给买方或其指定人。在象征性交货方式下，卖方凭单交货，买方凭单付款。只要卖方如期向买方提交了合同规定的全套合格单据（名称、内容和份数相符的单据），即使货物在运输途中损坏或灭失，买方也必须履行付款义务，但他可凭提单向船方或凭保险单向保险公司要求赔偿。反之，如果卖方提交的单据不符合要求，即使货物完好无损地运达目的地，买方仍有权拒付货款。

CIF 是一个典型的象征性交货术语。CIF 术语的象征性交货性质，使 CIF 合同成为一种“单据买卖”合同，即卖方通过向买方提交完全符合合同要求的货运单据（发票、提单、保险单等）来完成其交货义务。而买方则必须凭上述符合合同要求的货运单据支付价款。但无论如何，卖方必须交付与合同相符的货物，如果卖方提交的货物不符合同要求，买方即使已经付款，仍然可以根据合同的规定向卖方提出索赔。

CIF 术语解析

【案例 7】

我国公司与外商按 CIF 成交一批出口货物。货物在合同规定的时间和装运港装船，受载船只在航运中触礁沉没。当我国出口公司凭符合要求的单据要求国外进口商支付贷款时，进口方以货物已全部损失不能得到货物为由，拒绝接受单据和付款。进口方的做法是否正确？为什么？

FOB、CFR、CIF 术语是国际贸易中最常用的3种术语，就买卖双方的义务而言，很多方面是相同的，不同之处主要在于租船订舱、支付运费，办理保险、支付保险费这两方面的责任。3 种术语间的异同点如表 3-7 所示。

表 3-7　FOB、CFR、CIF 异同点一览表

<table>
<tr><th colspan="2"></th><th>卖方</th><th>买方</th></tr>
<tr><td colspan="2" rowspan="6">相同点</td><td>装货，充分通知</td><td>接货</td></tr>
<tr><td>出口手续，提供证件</td><td>进口手续，提供证件</td></tr>
<tr><td>交单</td><td>受单、付款</td></tr>
<tr><td colspan="2">都是装运港交货，风险、费用划分一致，都是以“船上”为界</td></tr>
<tr><td colspan="2">交货性质相同，都是凭单交货、凭单付款</td></tr>
<tr><td colspan="2">都适合于海洋运输和内河运输</td></tr>
<tr><td rowspan="3">不同点</td><td>FOB</td><td></td><td>租船订舱、支付运费（F）
办理保险、支付保险费（I）</td></tr>
<tr><td>CFR</td><td>租船订舱、支付运费（F）</td><td>办理保险、支付保险费（I）</td></tr>
<tr><td>CIF</td><td>租船订舱、支付运费（F）
办理保险、支付保险费（I）</td><td></td></tr>
</table>

（四）FCA

1. FCA 术语及其应用

Free Carrier（…named place）——货交承运人（……指定地点），卖方在指定地点将经出口清关的货物交给买方指定的承运人，即完成了交货。承运人是指在运输合同中承担履行铁路、公路、航空、海洋、内河运输或多式运输的实际承运人（Actual Carrier），或承担取得上述运输履行的订约承运人（Contracting Carrier），如货运代理商（Freight Forwarder）。FCA 术语适用于各种运输方式，包括多式联运。

需要注意的是，交货地点的选择对于在该地装货和卸货的义务会产生不同的影响。如在卖方所在处所交货，卖方负责装货；如在任何其他地点交货，卖方不负责卸货。

2. 使用 FCA 术语应注意的问题

（1）交货点和风险转移

如指定交货地点是在卖方所在地（工厂、工场、仓库等），则当货物被装上买方指定的承运人或代表买方的其他人提供的运输工具时，交货就算完成；如交货地点是在买方指定的其他地点（铁路终点站、启运机场、货运站、集装箱码头或堆场、多用途货运终点站或类似的收货点），当货物在卖方运输工具上尚未卸货而交给买方指定或卖方选定的承运人处置时，交货即算完成。当卖方按合同规定，在卖方所在处所将货物装上承运人的收货运输工具，或者在其他指定交货地，在卖方的运送运输工具上，将货物交给承运人处置时，货物灭失或损坏的风险，转移至买方。

（2）买方安排运输

FCA 术语中的买方必须自付费用订立自指定地运输货物的合同。但当卖方被要求协助与承运人订立合同时，只要买方承担费用和风险，卖方也可以办理。卖方如若拒绝，应立即通知买方，以便买方另做安排。

【案例 8】

我国北京 A 公司向美国纽约 B 公司出口某商品 50000 箱，B 公司提出按 FOB 新港条件成交，而 A 公司则提出采用 FCA 北京的条件。试分析 A 公司提出上述成交条件的原因。

FCA 术语解析

（五）CPT

1. CPT 术语及其应用

Carriage Paid to（…named place of destination）——运费付至（……指定目的地），当货物交给卖方指定的承运人时，卖方即完成了交货。卖方支付将货物运至目的地的运费，办理出口清关手续。买方承担交货之后的一切风险和其他费用。CPT 术语适用于各种运输方式，包括多式联运。

2. 使用 CPT 术语应注意的问题

（1）风险划分的界限问题

按照 CPT 术语成交，虽然卖方要负责订立从起运地到指定目的地的运输合同，并支付运费，但是卖方承担的风险并没有延伸至目的地。按照《通则》的解释，货物自交货地点至目的地的运输途中的风险由买方承担，卖方只承担货物交给承运人控制之前的风险。在多式联运情况下，卖方承担的风险自货物交给第一承运人控制时即转移给买方。

（2）责任和费用的划分问题

采用 CPT 术语时，买卖双方要在合同中规定装运期和目的地，以便卖方选定承运人，自费订立运输合同，将货物运往指定的目的地。卖方将货物交给承运人之后，应向买方发出货已交付的通知，以便买方在目的地受领货物。如果双方未能确定目的地买方受领货物的具体地点，卖方可以在目的地选择最适合其要求的地点。

CPT 术语解析

按 CPT 术语成交，卖方只是承担从交货地点到指定目的地的正常运费。正常运费之外的其他有关费用，一般由买方负担。装卸费可以包括在运费中，统一由卖方负担，也可以由双方在合同中另行规定。

（六）CIP

1. CIP 术语及其应用

Carriage and Insurance Paid to（…named place of destination）——运费、保险费付至

（……指定目的地），卖方将货物交给指定的承运人，即完成交货。卖方除了须承担在 CPT 术语下同样的义务外，还需对买方承担的货物在运输途中灭失或损坏的风险取得货物保险，一般按 CIF 或 CIP 合同价款的 110%以合同货币投保，并支付保险费。保险责任的起讫期限必须与有关货物的运输相符，即自买方需负担货物灭失或损坏的风险时（即自货物在发运地被交付给承运人时）起生效，直至货物到达约定的目的地为止。CIP 术语适用于各种运输方式，包括多式联运。

【案例 9】

我国出口公司 A 同新加坡的客户因价格条款发生了一些分歧，一直争执不下。A 和这个客户做的业务是空运方式进行运输，A 认为“CIF”只是用于“海运及陆运方式”，而不适用于“空运方式”，所以坚持用“CIP”条款（并且银行方面也坚持按照国际惯例空运必须使用“CIP”）。可客户坚持要用“CIF”，他们认为“CIP”比“CIF”多一个费用。A 想问到底“CIP”和“CIF”在费用上有什么区别？A 的做法是不是正确？

2. 使用 CIP 术语应注意的问题

（1）风险和保险问题

按 CIP 术语成交，卖方负责办理货运保险，并支付保险费，但货物从交货地点运往目的地运输途中的风险由买方承担。所以，卖方的投保仍属于代办性质。一般情况下，卖方要按双方协商确定的险别投保，而如果双方未在合同中规定应投保的险别，则由卖方按惯例投保最低的险别，保险金额一般是在合同价格的基础上加成 10%。

（2）合理确定价格

与 FCA 相比，CIP 条件下卖方要承担较多的责任和费用。例如，办理从交货地至目的地的运输，承担有关运费；办理货运保险，支付保险费。卖方在核算成本和价格时，应考虑运输距离、保险险别、各种运输方式和各类保险的收费情况，预计运价和保费的变动趋势等。

CIP 术语解析

FCA、CPT 和 CIP 三种术语是分别从 FOB、CFR 和 CIF 三种传统术语发展起来的，其责任划分的基本原则是相同的，但又有区别（见表 3-8）。

表 3-8　FCA、CPT、CIP 与 FOB、CFR、CIF 的比较

比较内容	FCA、CPT、CIP 术语	FOB、CFR、CIF 术语
运输方式	任何运输方式	海运和内河运输
承运人	船公司、铁路局、航空公司、多式联运经营人	船公司
交货地点	卖方处承运人提供的运输工具上，铁路、公路、航空、内河、海洋运输承运人或多式联运承运人的运输站或其他收货点	装运港
风险转移界限	货交承运人	装运港船上

续表

比较内容	FCA、CPT、CIP 术语	FOB、CFR、CIF 术语
装卸费用负担（程租船）	由支付运费的一方承担	使用贸易术语变形来明确装卸费用由何方负担
运输单据	海运提单、铁路运单、航空运单、多式联运单据	海运提单
运费负担	从出口国指定地点到进口国指定地点的各种运输方式的运费	从装运港到目的港的海运运费
保险内容	各种运输方式下货物的保险	海洋运输货物的保险

五、其他五种贸易术语及其应用

除以上介绍的 6 种主要术语外，《通则》中的贸易术语还有 EXW、FAS、DPU、DAP、DDP5 种术语。

（一）EXW 术语及其应用

Ex Works（…named place）——工厂交货（……指定地点），卖方在其所在地（如工场、工厂或仓库等）将货物交付给买方。卖方不负责将货物装上买方备妥的运输工具，也不办理出口清关手续。买方负担自卖方所在地受领货物至目的地的一切费用和风险。如买方要求卖方在发货时负责将货物装上收货车辆，并负担一切装货费用和风险，则应在合同中订明。如买方不能直接或间接地办理出口报关手续，则不宜采用此术语。EXW 是卖方承担责任、费用和风险最小的一种贸易术语，适用于任何运输方式。

EXW 术语按国内贸易的办法进行交货，但也可用于国际贸易，特别是在陆地接壤国家之间应用得比较普遍；EXW 的适用范围很广，适用于各种运输方式。使用 EXW 术语时，如双方同意，在起运时卖方负责装载货物并承担装载货物的全部费用和风险，则应在合同中订明。如买方不能直接或间接地办理出口手续，不应使用该术语，而应使用 FCA 术语。

【案例 10】

我国某公司按 EXW 条件对外出口一批电缆。但在交货时，买方以电缆的薄纸不适宜出口运输为由，拒绝提货和付款。买方的行为是否合理？

EXW 术语解析

（二）FAS 术语及其应用

Free Alongside Ship（…named port of shipment）——船边交货（……指定装运港），卖方在指定的装运港将货物交到船边，即完成交货。买卖双方风险和费用均以装运港船边为界划分。如果买方所派的船只不能靠岸，卖方要负责用驳船把货物运至船边，仍在船边交货，装船的责任和费用由买方承担。出口清关手续要求卖方办理。需要注意的是，《1941 年美国对外贸易定义修订本》对 FAS 的解释是 Free Along Side，即指交至运输工具旁边。因此，在同北美国家的交易中采用 FAS 术语时，应在 FAS 后面加上 Vessel 字样，以表示“船边交货”。该术语仅适用于海运或内河运输。

FAS 术语解析

（三）DPU 术语及其应用

DPU 贸易术语解释为卸货地交货，全称是 Delivered at Place Unloaded，指卖方在指定的目的地卸货后完成交货。DPU 适用于铁路、公路、空运、海运、内河航运或者多式联运等任何形式的贸易运输方式。卖方承担将货物运至指定的目的地的运输风险和费用（除进口费用外）。

DPU 是《2020 年国际贸易术语解释通则》中的国际贸易术语，由《2000 年国际贸易术语解释通则》中的 DAT 修改而来，意味着将来 DAT 将被 DPU 替代，主要修改原因是为了强调卸货地不一定是“终点站”。

DPU 术语解析

DPU 规则适用于国际贸易经验丰富、能够负责处理在出口国的所有同货物出口有关的事宜、愿意且能管理和组织国际物流的势力较强的卖方。

DPU 注意事项：

（1）DPU 是 INCOTERMS 2020 新增术语，旨在替代 INCOTERMS 2010 中的 DAT 术语。

（2）DDP 和 DPU 术语最大区别在于：DDP 是出口方负责进口清关手续，DPU 是进口方负责进口清关手续；DDP 是买方负责卸货费用和风险，DPU 是卖方负责卸货费用和风险。

（四）DAP 术语及其应用

Delivered at Place（…named place of destination）——目的地交货（……指定目的地），该术语不考虑所选用的运输方式的种类，在选用的运输方式不止一种的情形下也能适用。

目的地交货的意思是，卖方在指定的交货地点，将仍处于交货的运输工具上尚未卸下的货物交给买方处置，即完成交货。卖方须承担货物运至指定目的地的一切风险。

尽管卖方承担货物到达目的地前的风险，该规则仍建议双方将合意交货目的地指定得尽量明确。建议卖方签订恰好匹配该种选择的运输合同。如果卖方按照运输合同承受了货物在目的地的卸货费用，那么除非双方达成一致，卖方无权向买方追讨该笔费用。

DAP 术语解析

在需要办理海关手续时（在必要时/适当时），DAP 术语要求应由卖方办理货物的出口清关手续，但卖方没有义务办理货物的进口清关手续、支付任何进口税或者办理任何进口海关手续，如果当事人希望卖方办理货物的进口清关手续、支付任何进口税和办理任何进口海关手续，则应适用 DDP 规则。

（五）DDP 术语及其应用

Delivered Duty Paid（…named place of destination）——完税后交货（……指定目的地），按此术语成交时，卖方应在规定的期限内，在指定的目的地将在运输工具上尚未卸下的货物交给买方，即完成交货。卖方须承担将货物运至目的地的一切风险和费用，办理进口清关手续，交纳各种进口税费，包括办理一切海关手续，交纳海关手续费、关税及其他费用。所以，DDP 术语是卖方承担责任最大的一种术语。DDP 术语适用于所有运输方式。在 11 个术语中，DDP 是唯一一个由卖方办理进口清关手续的术语。

EXW 术语下卖方承担最小责任，而 DDP 术语下卖方承担最大责任，故实际中使用较少。若卖方不能直接或间接地取得进口许可证，则不应使用此术语。但是，如当事方希望将任何进口时所要支付的一切费用（如增值税）从卖方的义务中排除，则应在销售合同中明确写明。若当事方希望买方承担进口的风险和费用，则应使用 DDP 术语。

DDP 术语解析

1.2 任务清单

任务内容	任务要求
FOB 价格条款拟定	能够使用英文正确书写 FOB 单价条款
CFR 价格条款拟定	能够使用英文正确书写 CFR 单价条款
CIF 价格条款拟定	能够使用英文正确书写 CIF 单价条款
FCA 价格条款拟定	能够使用英文正确书写 FCA 单价条款
CPT 价格条款拟定	能够使用英文正确书写 CPT 单价条款
CIP 价格条款拟定	能够使用英文正确书写 CIP 单价条款
EXW 价格条款拟定	能够使用英文正确书写 EXW 单价条款
FAS 价格条款拟定	能够使用英文正确书写 FAS 单价条款
DPU 价格条款拟定	能够使用英文正确书写 DPU 单价条款
DAP 价格条款拟定	能够使用英文正确书写 DAP 单价条款
DDP 价格条款拟定	能够使用英文正确书写 DDP 单价条款

1.3 任务描述

天津华升进出口贸易有限公司向德国汉堡安联进出口贸易有限公司出口链条 CHAIN，50000 个，用一个 20 尺集装箱装运出口。请分别使用 11 种贸易术语对外进行报价，基本价格为每个 5 美元。请你以天津华升进出口有限公司业务员李明的身份，完成价格条款拟定任务工单。

1.4 任务实施

任务分组

<table>
<tr><td>班级</td><td></td><td>组号</td><td></td><td>指导教师</td><td></td></tr>
<tr><td>组长</td><td colspan="2"></td><td>学号</td><td colspan="2"></td></tr>
<tr><td rowspan="4">组员</td><td colspan="2"></td><td rowspan="4">学号</td><td colspan="2"></td></tr>
<tr><td colspan="2"></td><td colspan="2"></td></tr>
<tr><td colspan="2"></td><td colspan="2"></td></tr>
<tr><td colspan="2"></td><td colspan="2"></td></tr>
</table>

步骤一：牢记国际贸易对外报价的四部分内容，在书写 11 种术语单价时，不能漏掉任何一个内容。

步骤二：逐一书写 11 种贸易术语所对应的单价条款。

步骤三：组与组之间交叉互审合同中每个条款书写是否正确，错误之处应指出。

任务工单

销售合同

SALES CONTRACT

<table>
<tr><td colspan="4">买卖双方同意以下条款达成交易：
This contract Is made by and agreed between the BUYER and SELLER , in accordance with the terms and conditions stipulated below.</td></tr>
<tr><td>1. 品名及规格
Commodity & Specification</td><td>2. 数量
Quantity</td><td>3. 单价及价格条款
Unit Price & Price Terms</td><td>4. 金额
Amount</td></tr>
<tr><td></td><td></td><td>（11 种单价条款的书写）</td><td></td></tr>
</table>

1.5 任务评价

任务内容	评价指标		分值	得分
单价条款拟定	1	FOB 单价条款拟定是否正确	10	
	2	CFR 单价条款拟定是否正确	10	
	3	CIF 单价条款拟定是否正确	10	
	4	FCA 单价条款拟定是否正确	10	
	5	CPT 单价条款拟定是否正确	10	
	6	CIP 单价条款拟定是否正确	10	
	7	EXW 单价条款拟定是否正确	8	
	8	FAS 单价条款拟定是否正确	8	
	9	DPU 单价条款拟定是否正确	8	
	10	DAP 单价条款拟定是否正确	8	
	11	DDP 单价条款拟定是否正确	8	
总计			100	

1.6 技能巩固

西安家具进出口有限公司 XI'AN FURNITURE IMPORT AND EXPORT CO., LTD. 地址 NO. 1 NANJING ROAD, YANTA DISTRICT, XI'AN, CHINA 从意大利米兰纽琳贸易公司 NEWLIN TRADE CO., LTD. 地址 DORSODURO 3246, MILAN, ITALY 进口厨具 Kitchen14 套，合同号是 DSN-2021-01，合同日期是 2022 年 1 月 15 日，毛重 7619.064kgs，净重 7266.264kgs，报价为 2350EURO/set EXW 米兰，in one 40′High Container，铁路运输从米兰到西安，装运期为 2022 年 4 月 31 日前。付款方式为电汇。请你以西安家具进出口有限公司业务员的身份，拟定 FCA 单价条款。

单价条款

买卖双方同意以下条款达成交易：
This contract Is made by and agreed between the BUYER and SELLER , in accordance with the terms and conditions stipulated below.

1. 品名及规格 Commodity & Specification	2. 数量 Quantity	3. 单价及价格条款 Unit Price & Price Terms	4. 金额 Amount
Total:			

1.7 知识拓展

贸易术语的选用

国际商会的《2020通则》对国际贸易中使用的各种贸易术语下买卖双方承担的基本义务做了较为明确的规定，但在实际业务中，当事人对外成交时选用何种贸易术语，还需根据交易的具体情况仔细斟酌，做到既有益于达成交易，又避免承担过大的风险而造成意外的损失。这就要求我们在对11种贸易术语有了一般了解的基础上，再做进一步的归纳分析，以便深入掌握和合理运用。

一、贸易术语与合同性质的关系

1. 贸易术语是确定买卖合同性质的重要因素

一般来说，采用何种贸易术语成交，则买卖合同的性质也相应确定。因此，业务中常以贸易术语的名称来给买卖合同命名，如采用FOB术语成交的合同，称FOB合同；采用CIF术语成交的合同，称CIF合同等。

在一般情况下，贸易术语的性质与买卖合同的性质是吻合的。按E组术语成交，卖方在产地交货，故其签订的合同为产地交货合同。按F组和C组术语成交，卖方都在启运国或装船国履行其交货义务，即具有装运港（地）交货的性质，是象征性交货，故其签订的合同的性质也都属于装运合同类别。在此情况下，卖方提交的单据是否合格十分重要，因为这直接关系到卖方是否能收到货款的问题。但按D组术语成交时，卖方必须承担货物运至目的地的所有费用和风险，即在到达地履行其交货义务，是实质性交货，故按D组术语签订的合同的性质属于到达合同类别。

2. 贸易术语并不是决定合同性质的唯一因素

贸易术语是确定买卖合同性质的重要因素，但它并不是决定合同性质的唯一因素。例如，交易双方在签订合同时使用了CIF术语，但同时又约定“以货物到达目的港作为支付货款的前提条件”，结果，货物在途中遇到海难，没有按合同规定到达目的港。买方拒绝支付货款，双方引起诉讼。在此情况下，支付条件也是确定合同性质的一个十分重要的因素。所以，确定合同的性质，不能单纯看采用何种贸易术语，还应看合同中的其他条件是如何规定的。

3. 风险的提前或推后转移问题

一般来讲，买卖双方风险的划分是在双方约定的交货地点的特定界限，随着交货义务的完成而转移的。但是，各种贸易术语下都规定了当买方没有按约定受领货物或没有给予卖方完成交货义务的必要指示时，那么，风险和费用的转移就可以提前到交货之前。同样，当卖方没有按约定给买方完成接货义务的及时通知时，那么，风险和费用的转移就可以推后到交货之后。但有两个前提：一是货物必须已经正式划归合同下，即特定化。否则，风险就不能提前或推后转移。二是未发生不可抗力事件。

4. 包装和检验问题

（1）关于包装问题

《2020 通则》规定：卖方必须自负费用提供按照卖方在订立合同前已知的有关该货物运输所要求的包装。包装应做适当标记。《联合国国际货物销售合同公约》对此也有类似的规定。

（2）关于检验问题

《2020 通则》规定：货物在装运前的检验费用由买方负担，但如果是出口国有关当局强制进行的检验，那么除在 EXW 条件下外，则由卖方负担。

二、选用贸易术语时应考虑的主要因素

在国际贸易中，贸易术语是确定合同性质、决定交货条件、表明价格构成的重要因素，选择适当的贸易术语对促进合同的订立和履行、提高企业的经济效益具有重要的意义。如果贸易术语选用不当或不慎，还会给当事人造成损失。例如，有些外商向我方订购的并非大宗商品，只需班轮运输即可，却要求按 FOB 成交，并由其指定承运人。在该交易中，如果外商与承运人勾结，采用承运人先无单放货，后宣告破产的伎俩骗取我方货物，我方将会蒙受损失。再如，我方在进口交易采用 CFR 术语时，因为由国外卖方租船订舱，货物装船后的风险由我方承担，而保险也由我方办理，如卖方指定的船舶不当，或卖方与船方勾结出具假单据，我方就可能遭受损失。近年来，在我国的出口业务中，类似的案件屡有发生，这都提醒我们应考虑多方面因素，谨慎选择适宜的贸易术语。

作为交易的当事人，在选择贸易术语时既要遵循经济效益原则、规避风险原则、长远发展原则，还应考虑以下因素。

1. 考虑运输条件（运输方式、运输能力）

买卖双方采用何种贸易术语，首先应考虑运输条件。在本身有足够运输能力或安排运输无困难，而且经济上又合算的情况下，可争取按由自己安排运输的条件成交（如按 FCA、FAS 或 FOB 进口，按 CIP、CIF 或 CFR 出口）；否则，应酌情按对方安排运输的条件成交（如按 FCA、FAS 或 FOB 出口，按 CIP、CIF 或 CFR 进口）。运输方式不同，采用的贸易术语应不同。在海洋运输和内河运输方式下，应选用 FOB 和 CIF 术语。在航空运输和铁路运输方式下，应选用 FCA、CPT 和 CIP 术语。在集装箱运输方式下，即使是海洋运输，作为出口方，应尽量采用 FCA、CPT 和 CIP 成交。

2. 考虑货源情况

国际贸易中的货物品种很多，不同品种的货物有不同的特点，对运输有不同的要求，所以，安排运输的难易不同，运费开支也就不同。这是选择贸易术语时应考虑的因素。此外，成交量的大小也直接影响安排运输的难易程度和经济上是否合算。当成交量太小，又无班轮通航的情况下，负责安排运输的一方势必会增加运输成本，故选择贸易术语时也应

对成交量予以考虑。

3. 考虑船源情况

采用不同贸易术语，买卖双方承担运输的责任不同。当船源有保证且在经济上有利的情况下，可争取自身安排运输，如采用 CFR、CIF 或 CIP 出口，采用 FCA、FAS 或 FOB 进口。反之，则应采用由对方办理运输的条件成交。

4. 考虑运费因素

运费是货物价格构成因素之一，在选用贸易术语时，应考虑货物经由路线的运费收取情况和运价变动趋势。一般来说，当运价看涨时，为避免承担运价上涨的风险，可以选用由对方安排运输的贸易术语成交，如按 C 组术语进口，按 F 组术语出口。在运价看涨的情况下，如因某种原因不得不采用按由自身安排运输的条件成交，则应将运价上涨的风险考虑到货价中去，以免遭受运价变动的损失。

5. 考虑运输途中的风险因素

在国际贸易中，交易的商品一般需要通过长途运输，货物在运输过程中可能遇到各种自然灾害、意外事故等风险，特别是在遇到战争或正常的国际贸易遭到人为障碍与破坏的时候，风险更大。因此，买卖双方洽商交易时，必须根据不同时期、不同地区、不同运输路线和不同运输方式的风险情况，并结合购销意图来选用适当的贸易术语。

6. 考虑办理进出口货物结关手续有无困难

在国际贸易中，关于进出口货物的结关手续，各国的管制不同。有些国家规定只能由结关所在国的当事人安排或代为办理。因此，当某出口国政府规定，买方不能直接或间接办理出口结关手续时，就不应选用 EXW 术语成交，而应选用 FCA 术语成交；若进口国当局规定，卖方不能直接或间接办理进口结关手续时，就不应选用 DDP 术语成交，而应选用 D 组其他术语成交。

在选用贸易术语时，双方除须考虑上述几个因素以减少各种风险可能给自己带来的损失外，还要坚持平等互利和自愿的原则，不强加于人。要从方便贸易和促进成交出发，在双方自愿的基础上协商。

任务 2 价格核算

2.1 任务知识

一、基本概念

（一）出口总成本

出口总成本是指出口企业为出口商品支付的国内总成本。

出口总成本 = 出口商品进货成本 + 国内费用 - 出口退税额

（二）进货成本

进货成本又称为采购成本，即出口商品购进价，其中包含增值税。如企业自营出口，进货成本即其生产成本，比如服装出口企业，生产成本就包括了布料成本及加工费用。

进货成本 = 货价 + 增值税

= 货价 ×（1 + 增值税率）

（三）出口退税

出口退税是对已经报关离境的出口货物，将其在出口前生产和流通各环节已经缴纳的国内增值税或者消费税等间接税的税款，退还给出口企业的一项税收制度。在当前外贸激烈竞争的形势下，出口退税收入对外贸企业来说已经成为重要的收入，出口退税率的高低决定了产品在国际市场上竞争能力的高低。

出口退税额 = 货价 × 退税率

= [进货成本 /（1 + 增值税率）] × 退税率

（四）出口商品盈亏额和出口商品盈亏率

1. 出口商品盈亏额

出口商品盈亏额是指出口销售的人民币净收入与出口总成本的差额。

2. 出口商品盈亏率

出口商品盈亏率指出口盈亏额与出品总成本的比例，是衡量出口盈亏程度的重要指标。

出口盈亏率 = 出口盈亏额 / 出口总成本

=（出口销售人民币净收入 - 出口总成本）/ 出口总成本

（五）出口商品换汇成本

指出口商品净收入 1 单位外汇所需的人民币成本。以美元为例，一般是指出口商品每净收入1美元所耗费的人民币成本，即用多少元人民币换回1美元。

换汇成本＝出口总成本（人民币）/出口销售外汇净收入（美元）

出口换汇成本是衡量外贸企业进出口盈亏的重要指标，与外汇牌价相比，能直接反映出商品出口能否盈利。换汇成本如高于银行外汇牌价，说明出口为亏损；换汇成本低于银行外汇牌价，则说明出口盈利。

（六）出口创汇率（外汇增值率）

出口创汇率指加工后成品出口所得的外汇净收入减去进口原料外汇成本后，再将差额与原料外汇成本相比的比率。通过计算出口创汇率可以确定出口成品是否有利。

出口创汇率＝（成品出口外汇净收入－原料外汇成本）/原料外汇成本＊100%

注意：

（1）进口原料无论以何种价格术语成交，一律折算为CIF价。

（2）出口成品无论以何种价格术语成交，一律折算为FOB价。

（3）若原料是本国产品，其外汇成本可按出口原料的FOB价计算。

二、主要贸易术语的价格构成

（一）FOB、CFR、CIF三种贸易术语的价格构成

进出口业务中最常采用的贸易术语是FOB、CFR和CIF三种。这3种术语的价格构成包括3个部分：进货成本、费用和净利润。其中费用的核算最为复杂。

1．国内费用

其主要包括国内运输费用、证件费用（商检费、产地证费、报关费等）、包装费用、仓储费用等。

2．国外费用

其主要包括国外海运费用、国外保险费用，如果通过中间商交易还会产生佣金。

3．计算公式

FOB价＝进货成本价＋国内费用＋净利润

CFR价＝进货成本价＋国内费用＋国外运费＋净利润

CIF价＝进货成本价＋国内费用＋国外运费＋国外保险费＋净利润

（二）FCA、CPT、CIP三种贸易术语的价格构成

FCA、CPT和CIP三种术语的价格构成包括进货成本、费用和净利润3个部分。

1．国内费用

其主要包括国内运输费用、证件费用（商检费、产地证费、报关费等）、包装费用、仓储费用等。

2. 国外费用

其主要包括国外海运费用、国外保险费用，如果通过中间商交易还会产生佣金。

3. 计算公式

FCA 价=进货成本价+国内费用+净利润

CPT 价=进货成本价+国内费用+国外运费+净利润

CIP 价=进货成本价+国内费用+国外运费+国外保险费+净利润

三、主要贸易术语的价格换算

CFR=FOB+运费

CIF=FOB+运费+保险费=CFR+保险费

CIF 价=(FOB + 国外运费)/(1-保险加成×保险费率)

=CFR/(1-保险加成×保险费率)

其中，保险加成为 110%。

四、定价方法

(一) 固定作价

买卖双方明确约定成交价格，履约时按此价格结算货款。这是我国进出口贸易中最常见的作价方法，也是国际上常用的方法。

采用固定价格交易时，买卖双方在协商一致的基础上明确规定货物的价格，一般是货物的单价。

【例 1】 每公吨 300 美元 CIF 纽约

USD300 PER METRIC TON CIF NEW YORK

这个价格即双方履约时必须遵守的价格，即使在订约后市价发生重大变化，任何一方也不得擅自变更原定价格。有的合同甚至对此做出明确规定，例如，每公吨 300 美元 CIF 纽约，合同成立后，不得提高（调整）价格。

为了减少价格风险，在采用固定价格时，首先必须对影响商品供需的各种因素进行细致的研究，并在此基础上，对价格的前景做出判断，以此作为决定合同价格的依据。其次，必须对客户的资信进行了解和研究，慎重选择订约的对象。

(二) 非固定作价

1. 具体价格待定（后定价格）

这种订价方法又可分为以下两种情况。

(1) 在价格条款中明确规定定价时间和定价方法。例如，在装船月份前 45 天，参照当地及国际市场价格水平，协商议定正式价格。

（2）只规定作价时间而不规定作价方法。例如，由双方在××年×月×日协商确定价格。但这种作价方式未对价格做出规定，执行时易产生争执，一般只适用于双方有长期交往并已形成比较固定的交易习惯的合同。

2. 暂定价格

在合同中先订立一个初步价格，作为开立信用证和初步付款的依据，待双方确定最后价格后再进行最后清算，多退少补。

例如，单价暂定 CIF 神户，每公吨 1000 英磅，作价方法：以××交易所 3 个期货，按装船月份月平均价加 5 英镑计算，买方按本合同规定的暂定价开立信用证。

3. 部分固定价格，部分非固定价格

为了照顾买卖双方的利益，解决在定价方法条款中可能存在的分歧，可以采用部分固定价格，部分非固定价格的方法。尤其是分期交货的合同，可以在订约时将交货期近的价格固定下来，其余的在交货前一定期限内由双方议定价格。

4. 待定价格

待定价格是指交易双方就其他条件取得一致，合同已经成立，但规定“价格待定”或合同中没有明示或默示规定货物的价格。这种价格规定方法在实际业务中比较少见，特殊情况下可能会采用。

四、价格调整条款（滑动价格）

在国际上，随着某些国家通货膨胀的加剧，有些商品合同，特别是加工周期较长的机器设备合同，都普遍采用所谓“价格调整条款”［PRICE ADJUSTMENT（REVISION）CLAUSE］，即买卖双方签订合同时，只规定初步价格，最终价格将根据原料价格和工资变化以及双方约定的调整方法予以确定。

五、佣金

（一）佣金的含义

在国际贸易中，有些交易是通过中间代理商进行的，中间商因介绍生意或代买代卖而需收取一定的酬金，此项酬金叫佣金（Commission）。

1. 含佣价

在货价中包含佣金的价格叫含佣价。例如，USD1000 PER M/T CIFC 5% LONDON。

如在合同价格条款中，明确规定佣金的百分比，叫作“明佣”。如不在合同中表示出来，由当事人按约定另行私下交付，叫作“暗佣”。

2. 双头佣

在买卖双方双头吃佣金，称为“双头佣”。

3. 净价

不含佣金的价格为净价（NET PRICE）。

（二）佣金的规定方法

1. 规定佣金率

【例2】 每公吨1000美元CIF香港包括佣金3%。

USD1000 per metric ton CIF Hongkong including 3% commission.

也可以在贸易术语后直接加注佣金的英文缩写“C”并注明百分比。例如，每公吨1000美元CIFC 3%香港，USD1000/MT CIFC 3% HongKong。

2. 以绝对数表示佣金

例如，每公吨支付佣金30美元。

在实践中，规定佣金率的做法比较常见。给予中间商佣金会提高其与我方成交的积极性，但也意味着出口方费用的增加，因此佣金率的高低影响着商品的成交价格，应该合理规定，一般掌握在1%~5%之间。

（三）佣金的计算

多数情况下，以何种价格术语成交，就以何种价格为基础计算佣金。

在国际贸易中，使用不同贸易术语成交时，佣金的计算是不同的。主要体现在以佣金率的方法计算佣金时，佣金的基数怎样确定。常用的方法是将成交金额（发票金额）作为计佣基数，例如，按CIFC 3%成交，发票金额为10000美元，则应付佣金为10000×3%，即300美元。也有人认为价格中的运费、保险费不属于出口商本身收益，不应该作为计佣的基数，应按FOB价格计算佣金。如果按这种方法计算佣金，在以CIF、CFR等术语成交时，要将其中的运费、保险费扣除，求得FOB价之后计算佣金。佣金的计算公式为：

单位货物佣金额=含佣价×佣金率

净价=含佣价-单位货物佣金额

净价=含佣价×(1-佣金率)

含佣价=净价/(1-佣金率)

【例3】 某公司向香港客户出口水果罐头200箱，每箱132.6港币CIF香港，客户要求改报CFR香港5%佣金价，设保险费率为2%，加一成投保，在保持原报价不变的情况下，试计算：

1. CFRC5%香港价应报多少？

2. 出口200箱应付给客户多少佣金？

解：1. CFR=CIF＊(1-110%＊r)

= 132.6＊(1-110%＊2%)

= 129.68 港元

CFRC5% = CFR/(1-5%)

= 129.68/0.95

= 136.5 港元

2. 总佣金 = 200 * 136.5 * 5%

= 1365 港元

(四) 佣金的支付

1. 出口企业收到全部货款后将佣金另行支付给中间商或代理商

这种做法有利于合同的圆满履行。因为中间商为了取得佣金，不仅会尽力促成交易，还会负责联系、督促实际买主履约，协助解决履约过程中可能发生的问题，使合同得以顺利履行。但为了避免中间商的误解，应在与其确立业务关系时就明确这种做法，并最好达成书面协议。

2. 付款时中间商直接从货价中扣除佣金

采用这种做法时，应注意防止重复付佣。

3. 出口企业在交易达成后就支付佣金

这种做法不能保证交易的顺利履行，因而一般不能接受。

实际业务中，常用的是第一种方法，可以在合同履行后逐笔支付，也可按协议规定按月、季、半年甚至一年汇总支付。为了发挥佣金的作用，充分调动外商的积极性，应按约支付佣金，防止错付、漏付。

六、折扣

(一) 折扣的含义

折扣 (Discount) 是指卖方给予买方一定的价格减让，即在原价基础上给予适当的优惠。在我国对外贸易中，使用折扣主要是为了照顾老客户，确保达成销售，扩大对外销售等。在实际业务中应根据具体情况，针对不同客户，灵活运用各种折扣方式，如为了扩大销售而使用数量折扣 (Quantity Discount)，为发展客户关系而使用特别折扣 (Special Discount) 以及年终回扣 (Turnover Bonus) 等。

(二) 折扣的规定方法

折扣一般在合同的价格条款中明确规定 (明扣)，也有双方私下就折扣问题达成协议而不在合同中表示出来的 (暗扣或回扣)。

(三) 折扣的计算与支付方法

折扣通常是以成交额或发票金额为基础计算出来的。

折扣额 = 含折扣价×折扣率

折扣一般在买方支付货款时预先扣除。如是暗扣，在合同中并不表示出来，而按双方私下达成的协议，由卖方另行支付给买方。

七、价格条款的内容

价格条款由四部分组成，即计量单位、单位价格金额、计价货币、贸易术语。例如，

每公吨	580	美元	CIF 纽约
计量单位	单位价格金额	计价货币	贸易术语

【例 4】净价条款举例

单价：每箱 0.7 美元 FOB 天津

总值：14850 美元

Unit Price：at USD 0.7 Per box FOB Tianjin

Total Value：USD 14850（Say US Dollars Fourteen Thousand Eight Hundred And Fifty Only）

【例 5】含佣价条款举例

单价：每公吨 200 美元 CIFC 2%伦敦

总值：100000 美元

Unit Price：at USD 200 Per Metric Ton CIFC 2% London

Total Value：USD 100000（Say US Dollars One Hundred Thousand Only）

【例 6】含折扣价条款举例

单价：每件 45 英镑 CIF 汉堡折扣 2%

总值：44100 英镑

Unit Price：at GBP 45 Per Piece CIF Hamburg Less 2% Discount

Total Value：GBP 44100（Say Pounds Sterling Forty-four Thousand One Hundred Only）

2.2 任务清单

任务内容	任务要求
FOB 价格核算	能够正确核算 FOB 报价
CFR 价格核算	能够正确核算 CFR 报价
CIFC5 价格核算	能够正确核算 CIFC5 报价

2.3 任务描述

天津华升进出口贸易有限公司向德国汉堡安联进出口贸易有限公司出口链条 CHAIN 50000 个，用一个 20 尺集装箱装运出口。进货成本为 25 元/个，增值税率为 13%，出口退

税率为9%，费用定额率为5%，预期利润率为5%。出口海运费为2000美元，投保一切险加战争险，保险费率为2%。请你以天津华升进出口贸易有限公司业务员李明的身份，核算FOB报价。如果客户要求改报CFR和CIFC5，又该如何报价？

2.4 任务实施

任务分组

<table>
<tr><td>班级</td><td></td><td>组号</td><td></td><td>指导教师</td><td></td></tr>
<tr><td>组长</td><td colspan="2"></td><td>学号</td><td colspan="2"></td></tr>
<tr><td rowspan="4">组员</td><td colspan="2"></td><td rowspan="4">学号</td><td colspan="2"></td></tr>
<tr><td colspan="2"></td><td colspan="2"></td></tr>
<tr><td colspan="2"></td><td colspan="2"></td></tr>
<tr><td colspan="2"></td><td colspan="2"></td></tr>
</table>

步骤一：核算每个链条的实际成本、国内费用和预期利润。
步骤二：核算FOB报价。
步骤三：核算每个链条的海运费。
步骤四：核算CFR报价。
步骤五：核算每个链条的保险费和佣金。
步骤六：核算CIFC5报价。

任务工单

对外报价	核算过程
FOB价格：	
CFR价格：	
CIFC5价格：	

2.5 任务评价

任务内容	评价指标		分值	得分
核算报价	1	FOB 报价核算是否正确	30	
	2	CFR 报价核算是否正确	30	
	3	CIFC5 报价核算是否正确	40	
总计			100	

2.6 技能巩固

大连某公司向美国出口某商品，纸箱包装，净重 25 千克，毛重 27 千克，每箱体积为 42 厘米×28 厘米×25 厘米，经计算，该批货物的出口总成本为每公吨 1250 元人民币，外销价格为每公吨 200 美元 CFR 旧金山，海运费率为每运费吨 100 元人民币，货币为 35%，燃油附加费为 29%。求换汇成本和盈亏率。

2.7 知识拓展

价格条款注意事项

(1) 商品的单价，防止偏高或偏低。

定价过高就会丧失竞争力，不利于达成交易，过低就会丧失利润。

(2) 根据经营意图和实际情况，在权衡利弊的基础上选用适当的贸易术语。

在实际的过程中，普遍是由客户决定采用什么贸易术语，当然作为卖方也可建议对双方有利的贸易术语。

(3) 争取选择有利的计价货币，以免遭受币值变动带来的风险。如采用了对我方不利的计价货币，应争取订立外汇保值条款。

出口定价时，卖方应争取以硬币计价，进口定价时，买方应争取以软币计价。另外可以与银行签订远期外汇合约。

(4) 灵活运用各种不同的作价办法，以避免价格变动的风险。

在固定价格、非固定价格、价格调整条款之间选择最合适的方法。

(5) 参照国际贸易的习惯做法，注意佣金和折扣的运用。

在当今竞争日益加剧的情况下，佣金和折扣常用于促进贸易的成交上。在实际中，还出现当外贸公司接到利润不足的订单时，直接将客户介绍给工厂，再从工厂抽佣的情况。

（6）如果货物品质和数量约定有一定的机动幅度，则也一并规定机动部分的作价。这样对价格做出明确规定，便于合同的履行。

（7）如包装材料和包装费用另行计算，对其计价方法也应一并规定。这样有利于成本的核算与合同的履行。

（8）单价中涉及的计价数量单位、计价货币、装卸地名称等必须书写正确、清楚，以利于合同的履行。这些属于合同的要件，为了避免日后的争议，必须在合同中明确规定。

项目四

运输条款拟定

项目描述

天津华升进出口贸易有限公司于2022年1月30日与德国汉堡安联贸易有限公司签订出口链条50000个的合同。纸箱包装，每个纸箱装50个，共1000个纸箱，恰好可以用一个20尺集装箱装运出口。装运期为2022年5月15日前。付款方式为即期信用证。海运出口从天津港到汉堡港。请你以天津华升进出口贸易有限公司业务员李明的身份，拟定一份海运提单和运输条款。

学习目标

知识目标：

1. 了解3种常用运输方式（海运、铁路运输、空运）的内容以及要求。
2. 了解不同运输方式的基本条款和运费制定方法。
3. 了解不同运输方式所需单据。

能力目标：

1. 能够准确选择进出口货物所采取的运输方式。
2. 能够审核不同运输方式的运输单据和运费的价格构成。

人生目标：

党的二十大报告强调“对标世界最高水平开放形态，高质量、高标准建设中国特色自由贸易港”，为我国交通运输事业发展提供大力帮助和支持，提升贸易自由化便利水平，推进外贸高质量发展。

任务1　运输方式的选择

1.1 任务知识

一、五种基本运输方式的定义及内容

（一）海洋运输

在国际货物运输中，海洋运输是最普遍、最常用、最经济的一种运输方式。其运输量占国际贸易货物运输量的85%以上。海洋运输的运量大、运费相对较低、航道灵活、可选择性多是其优势所在。但海运的航行速度较慢、航行风险大（由于气候不稳定和自然条件影响）。航行日期不易确定是其不足之处。

海洋运输主要可分为两种方式：一是班轮运输（Liner Shipping）。其是指托运人将一定数量的货物交由作为承运人的轮船公司，轮船公司按固定航线，沿线停靠固定的港口，按固定船期，以相对固定的运费（运费浮动较小）所进行的国际海上货物运输。二是租船运输（Charter Shipping）。其是指船舶所有人与租船人通过洽谈协商，将船舶以光船或定程（Voyage Charter）或定期（Time Charter）的形式租赁给租船人，根据租船合同规定来安排货物运输的方式。其特点是：租船运输的营运安排视合同而定，因此无固定航线，无船期表；租船运输适宜大宗货物运输；租金率或运费率根据租船市场行情而变化；货物装卸费的分担按租船合同规定来划分；各种租船方式均有相应的标准合同格式供采用；合同条款由双方自由商定，国家对此少有强制性法律规定。

海洋运输

（二）铁路运输（中欧班列）

在国际贸易中，我们提到的铁路运输一般为中欧班列，是指按照固定车次、线路等条件开行，往来于中国与欧洲及“一带一路”沿线各国的集装箱国际铁路联运班列。其优点是运输速度比较快，有高度的连贯性和准确性以及时效性。与海洋运输相比，铁路运输更加安全可靠。但是有一定的局限性，不能像海运一样跨洋过海；费用较海运费用高。中欧班列铺划了西中东3条通道：西部通道由我国中西部经阿拉山口（霍尔果斯）出境，中部通道由我国华北地区经二连浩特出境，东部通道由我国东北地区经满洲里（绥芬河）出境。2011年3月，首趟中欧班列从重庆发出开往德国杜伊斯堡，开启了中欧班列创新发展的序章。

铁路运输一般可分为整车运输（FCL）和零担运输（LCL）。整车运输一般适用于数量大的货物运输，零担运输一般适用于重量不超过5000千克或者体积达不到需要单独车辆运送的货物。

（三）航空运输

航空运输是一种现代化的运输方式，一般适用于比较着急的货物。空运以其迅捷、安全、准时、超高效率的特点赢得了相当大的市场，最大的优点就是缩短了交货期，但是成本要远远高于海运和铁路运输成本。除非买卖双方达成一致，否则不会轻易选择空运。选择空运的产品一般是重量轻、体积小的货物，这样可降低成本。空运的主要方式有班机运输、包机运输、集中托运、航空急件。

（1）班机运输类似于海运中的班轮运输，是指有固定的起飞时间、固定的飞行线路、固定的始发站和目的站的飞机运输。

（2）包机运输是指包租整架飞机进行货物运输。

（3）集中托运是指航空货运代理公司把若干批单独发运的货物组成一整批货物，集中向航空公司托运的方式。填写一份总运单发送到同一目的站，再由航空货运代理公司委托当地的代理人负责收货和分拨给实际收货人。这种方式的最大特点是可以争取到比零散托运更低的运价，并减少了货主自行办理托运的烦琐环节。若选择航空运输，集中托运方式使用较为广泛。

（4）航空急件传送（航空快递）适用于急需物品、医疗器械、贵重物品、图纸资料、零部件、样品、单证文件等小件物品的快捷运输，适应了现代社会快节奏的需要。

航空运输

（四）公路、内河和邮包运输

1. 公路运输

公路运输（Road Transportation）是一种比较灵活、方便的运输方式，它除了适用于内地集散进出口货物外，还适用于邻国之间的进出口货物运输。我国同许多周边国家和地区的进出口货物是经由国境公路运输的，但公路运输载货量有限，运输成本较高，容易造成货损事故。

2. 内河运输

内河运输（Inland Water Transportation）是水上运输的重要组成部分，它是连接内陆腹地与沿海地区的纽带，在运输和集散进出口货物中起着重要的作用。我国不仅有四通八达的内河航运网，还同一些邻国有国际河流相连，这就为相互的进出口货物通过河流运输和集散提供了十分有利的条件。

3. 邮包运输

邮包运输（Parcel Post Transport）是指通过邮局寄交国际贸易货物的一种运输方式。

这种运输方式比较简便，且只要卖方根据买卖合同中双方约定的条件和邮局的有关规定，向邮局办理寄送包裹的手续，付清邮费，取得收据，就完成交货义务。手续简便，费用不高。但是，邮包运输对国际邮包的大小、重量有一定的限制。一般每件大小不超过1公尺，重量不超过20千克，因而邮包运输适用于小型样品、医药、零件、贵重的精密仪器以及生产上急需的零星物资的投寄。邮包运输包括普通邮包运输和航空邮包运输两种。

（五）集装箱运输和国际多式联运

1. 集装箱运输

集装箱运输（Container Transport）是指将货物装入标准规格的集装箱，利用陆、海或空运的运输工具成组化运送货物的一种方式。这是国际航运中一种新型的现代化运输方式。目前，我国和世界上许多国家都已采用这种运输方式。集装箱结构牢固，规格统一。除了适于杂货运输的干货集装箱外，还有运送各种商品的专用集装箱。

集装箱运输的优点：

（1）减少货损货差；

（2）提高装卸效率，避免压船压车，节省劳力，避免重复劳动；

（3）节省包装费用，有利于降低运输成本；

（4）集装箱运输班期固定，速度快，有利于压缩在途时间，提高车船周转率；

（5）提前结汇。货物一交到集装箱场、站，即可凭联合运输单据结汇。

2. 国际多式联运

（1）国际多式联运的定义

国际多式联运是指按照多式联运合同，以至少两种不同的运输方式，由多式联运经营人把货物从一国境内接运货物的地点运至另一国境内指定交付货物的地点。

（2）构成国际多式联运的条件

①必须有一个多式联运合同；

②必须使用一份包括全程的多式联运单据；

③必须是国际间的货物运输；

④必须至少是两种不同运输方式的连贯运输；

⑤必须由一个多式联运经营人对全程运输负总责；

⑥必须是全程单一运费率。

（3）多式联运经营人

多式联运经营人（Multimodel Transport Operator）是事主，负有履行合同的责任，而不是发货人的代理人或参加多式联运的承运人的代理人。其可以是实际承运人，也可以是无船承运人（NVOCC）。

(4) 国际多式联运的优点

开展国际多式联运是实现“门到门”运输的有效途径，它简化了手续，减少了中间环节，加快了货运速度，降低了运输成本，并提高了货运质量。货物的交接地点也可以做到门到门、门到港站、港站到港站、港站到门等。

二、国际运输的运费计算和相关单据

(一) 国际运输的运费计算

在国际贸易中，由于班轮运输是海洋运输的主要部分，现以班轮运输为例来说明运费的计算。

1. 运费制定方法

一般是按照班轮运价表的规定标准计算运费。不同的班轮公司或不同的轮船公司有不同的运价表，但它都是按照各种商品的不同积载系数、不同的性质和不同的价值，结合不同的航线加以确定的。班轮运费是由基本运费和附加费（如果有规定的话）两个部分构成的。附加费（Surcharges）是为了保持一定时期内基本费率的稳定，又能正确反映出各港的各种货物的航运成本而规定的各种费用（包括燃油附加费、超长附加费、超重附加费、港口附加费、拥堵费等）。班轮运费=基本运费+附加运费。

海运费

2. 运费计算方法

海运的运费计算方法有重量法（W 表示，即按照货物的毛重计算运费）、体积法（M 表示，即按照货物的体积计算运费）、从价法（按照货物的 FOB 价格计算运费）、选择计算法（即按照重量或者体积、按重量或价值、按体积或者价值等计算运费，承运人一般会从高计算费用）、按件法（即按照每一件货物计算运费，如汽车等）和议定法（常用于大宗货物运费计算，即承运人和托运人双方就该批货物运费协商一致的价格）。上述 6 种方法计算的运费为基本运费，是指从装运港到目的港之前收取的运费，也是全程运费的主要组成部分，严格按照班轮运价表规定的计收标准执行。某些运输中，承运人除了会收取基本运费，还要收取附加运费。就目前各种运输方式而言，承运人会按照托运人的要求进行整柜报价。

(二) 国际运输中相关单据

1. 运输单据的定义

运输单据是货物承运人（或其代理人）在收到货物后签发给托运人的凭证（Bill of Lading，B/L）。根据运输方式不同，可分为海运提单、空运提单、铁路运单。在各种运输方式中，海运提单运用最为广泛。

2. 运输单据（提单）的作用

运输单据有以下3个作用。

（1）货物收据。提单是承运人签发给托运人的收据，确认承运人已收到提单所列货物并已装船，或者承运人已接管了货物，等待装船。

（2）运输契约证明。提单是托运人与承运人的运输契约证明。承运人之所以为托运人承运有关货物，是因为承运人和托运人之间存在一定的权利义务关系，双方权利义务关系以提单作为凭证。

（3）货权凭证。提单是货物所有权的凭证。谁持有提单，谁就有权要求承运人交付货物，并且享有占有和处理货物的权利，提单代表了其所载明的货物。

3. 提单的内容

各个运输公司所制定的提单内容虽然略有不同，但是实质性内容差别不大，其制定的依据是《海牙规则》。

提单包括以下主要内容：

（1）Shipper/Exporter（托运人/发货人名称）；

（2）Consignee（收货人名称）；

（3）Notify Party（通知人名称/收货人）；

（4）B/L No.（提单号）；

（5）Reference No（内部参考号）；

（6）For Delivery of Goods Apply To（承运人）；

（7）Vessel/Voyage（船名及航次）；

（8）Port of Loading（装运港）；

（9）Port of Discharge（目的港）；

（10）Place of Receipt（提货地）；

（11）Final Destination（最终目的地）；

（12）Kind of Packages, Description of Goods, Marks and Numbers, Container No. /Seal No.（包装种类、货物描述、包装件数、集装箱号和铅封号）；

（13）Gross Weight（毛重）；

（14）Measurement（货物体积）；

（15）Place and Date of Issue of Waybill（提单签发地和日期）；

（16）Conditions of Carriage（货运制式条款）。

提单模板如图4-1所示。

4. 提单的种类

（1）根据货物是否已经装船分为已装船提单（On Board B/L, Shipped B/L）和备运提

Non-Negotiable SEA WAYBILL
for Combined Transport

NON-NEGOTIABLE SEA WAYBILL

(1) Shipper/Exporter
发货人

(4) Waybill No.
提单号

(5) Reference Nos.:
参考号

(2) Consignee
收货人

(6)
承运人信息

(3) Notify Party
通知人

(7) For Delivery of Goods apply to:
目的地承运人

(8) Vessel/Voyage (see clause 16.1 of the SCHENKER*ocean* Bill of Lading terms)
船名，航次

(11) Place of Receipt (Applicable only when document used as Combined Transport B/L)
提货地

(9) Port of Loading
装运港

(10) Port of Discharge
目的港

(12) Final Destination (Applicable only when document used as Combined Transport B/L)
最终目的地

Below Particulars Furnished by Shipper - carrier not responsible - For Merchant's use only and not Part of the Bill of Lading Contract

(13) Kind of packages; description of goods; marks and Numbers; Container No./Seal No. | (14) Gross Weight | (15) Measurement

需要显示：箱号、铅封号、箱型、包装数量、毛重、体积

装船时间

Above particulars as declared by Shipper, but without responsibility of or representation by the Carrier (see clause 8). (DETAILS AS PER ATTACHMENT)

(16) Carrier's Receipt (see clauses 1 and 8 of the SCHENKER*ocean* Bill of Lading terms)
Total number of containers or packages received by Carrier: 4

(17) Freight and Charges | (18) Prepaid | (19) Collect

The particulars given above as stated by the merchant and the weight, measure, quantity, marks, contents and value of the Goods considered unknown by the Carrier. RECEIVED by the Carrier from the shipper, as far as ascertained by reasonable means of checking in apparent good order and condition unless otherwise stated herein, the total number of quantity of Containers or other packages or units indicated in the box above entitled "Carrier's Receipt". This contract is subject to the terms and conditions, including the law & jurisdiction clause and limitation of liability & declared value clauses, of the current SCHENKER*ocean* Bill of Lading, which are applicable with logical amendments (mutatis mutandis). To the extent necessary to enable the Consignee to sue and be sued under this contract, the Shipper on entering into this contract does not so on his own behalf and as agent for and on behalf of the Consignee and warrants that he has authority to do so. The Shipper shall be entitled to change the Consignee at any time before delivery of the goods provided he gives the Carrier reasonable notice in writing. Delivery will be made to the Consignee or his authorized agent on production of reasonable proof of indentity (and, in the case of an agent, reasonable proof of authority) without production of this Waybill. The Carrier shall be under no liability whatsoever for misdelivery unless caused by the Carrier's negligence.

(20) Declared Cargo Value (see clause 7.3 of the SCHENKER*ocean* Bill of Lading terms):

(22) Place and Date of issue of Waybill:
提单签发日期

(23) Issued as agents for SCHENKER*ocean* as Carrier by:
提单签发公司

05/09

NON-NEGOTIABLE SEA WAYBILL

图 4-1 提单模板

单（Received for Shipment B/L）。前者是指承运人已将货物装上指定船舶后签发出的提单；后者是指承运人在收到托运货物后但并未将其装载到指定船上之前所签发的提单。

（2）根据提单上有无对货物外表状况的不良批注分为清洁提单（Clean B/L）和不清洁提单（Unclean B/L）。

（3）根据提单的收货人抬头不同分为记名提单（Straight B/L）、不记名提单（Bearer B/L）和指示提单（Order B/L）。

（4）根据运输方式不同分为直达提单（Direct B/L）、转船提单（Transshipment B/L）

和联运提单（Through B/L）。

（5）根据船舶运营方式不同分为班轮提单（Liner B/L）和租船订单（Charter Party B/L）。

（6）根据提单内容，可以分为全式提单（Long form B/L）和略式提单（Short form B/L）。

（7）根据提单使用的有效性分为正本提单（Original B/L）和副本提单（Copy B/L）。

三、国际运输合同

运输合同是托运人和承运人之间就货物运输服务的权利和义务关系所做的一系列规定。如今普遍使用的是货运代理与收或发货人之间的国际运输代理合同。以下我们以一份国际运输代理合同为例来说明国际运输合同的主要内容。

国际货运代理合同

甲方：(进口商/出口商)

乙方：[承运人（货运代理)]

甲乙双方经友好协商，就进口/出口货物运输代理事宜达成如下协议：

第 1 条　适用范围

1.1　本协议适用于甲方委托乙方办理进口货物的国外订舱、报关、提货、提单签发、国际运费结算以及与此有关的其他作业的货运代理业务。

1.2　甲方同意将其进口/出口货物交由乙方代为办理进口/出口运输事宜。

1.3　甲乙双方均应有合法的经营资格，并向对方提供相应的资质复印件。

第 2 条　订舱及单证制作

2.1　乙方凭据甲方的托运单接受货运代理提货及办理海运业务。该托运单证除需内容完整正确外，还需应有甲方联系人、有关运输要求等内容。

2.2　甲方需在要求船舶起航之日前 20 日内向乙方发送海运货物进口/出口订单，以确保船舱空间位置。乙方保证运输甲方货物的船舶在规定日期起航。由于船公司的自身原因及不可抗力的气候原因而引起的船舶延期开航，乙方不承担任何法律责任。如甲方通知乙方增加货物或甲方不能按规定日期发出货运委托书，乙方应在接到甲方通知或货运委托书 2 日内，向甲方表示是否接受委托，接受委托后，按规定日期完成委托事项。

2.3　如运价发生变化，乙方应立即通知甲方并于收到订单委托书后再次通知甲方以确认。

2.4　对于订单内容的更改，甲方应以书面形式在开船前通知乙方，开船后的更正乙方将向甲方收取必要的更改费用。

2.5　乙方应按甲方指示处理事物。如需要变更甲方指示的，应当经甲方同意。因情况紧急未与甲方取得联系，乙方应当妥善处理甲方的委托事宜，但事后应及时将情况通知甲方，并取得甲方的认可。

2.6 甲方报关单证的制作必须符合海关的要求（乙方可代做进口文件）。所需报关的相关文件应齐全，做到单单相符。为了便于顺利通关，报关单证必须在到港前一周交给乙方。

2.7 乙方应当亲自处理甲方所委托的货物运输事物。未经甲方同意不得转让委托。

第 3 条 提单签发及风险责任

3.1 由海上承运人及其代理人签发的提单，乙方将不承担任何风险和责任。

3.2 由乙方签发的提单，应由提单所有人按该提单规定的条款承担相应的风险和责任。

第 4 条 海运费及国内操作费用结算

4.1 凡乙方代理之船公司，乙方将按该船东公布的海运费运价向甲方结算。甲方委托乙方向船东申请特殊的海运费运价，如果获得批准，即乙方按其有效期及所批准之运价向甲方结算；凡非乙方所代理之船公司，则按甲乙双方事先商定之运价结算，甲方应将该运费费率标注在委托书上，若甲方与船公司签有协议运价或运价确认，则应在委托书上标明正确的协议编号及运价确认的复印件。

4.2 国内操作费用的结算标准，按甲乙双方事先约定执行。如遇有特殊情况，则变更的特殊费用应由甲方在委托书上签字并盖章方可生效。

4.3 货物到港后，如双方无异议，甲方应在到货后的 10 天内办理付款手续（即付款期限为 10 天）。

4.4 凡甲方指定第三方付款的，如发生拒付、少付、拖延等情况，甲方仍负有支付的义务。

4.5 甲方对于应付给乙方的费用，应在规定的付款期限内以电汇的方式支付。

4.6 根据国家外汇管理局《汇发〔2001〕58 号》文件精神，乙方开出的以美元币值计价的海运费发票，一律收取美元，可接受美元现钞或折算后等值人民币。

第 5 条 其他事项

5.1 经甲乙双方一致同意，双方以传真件方式通知对方办理货物出运的订舱、更改及有关事项的承诺等事宜，双方可将传真复印件归档备案。双方应视传真件或复印件等同上述文件的正本，并具有同等的法律效应。

5.2 船公司的提单及运价条款以及本协议附件应视为本协议不可分割的部分。

5.3 与本协议相关的运价、费率及甲方的外销货价等内容，双方均应向第三方保密。

5.4 甲方若需作 ITS、SGS 等检验，乙方应积极配合，并应对此予以保密。

5.5 乙方收到货物后应就件数、唛头、包装等与甲方委托单据进行核对，如发现任何不符必须及时书面通知甲方，否则，由此引起的后续损失由乙方承担。

5.6 甲方货物入仓库后，乙方应妥善保管，凡因乙方保管不善造成的外包装破损、淋湿等及由此引起的内在质量损失，由乙方负责赔偿。

5.7 本协议未尽事宜，双方应本着友好协商的精神，在互惠互利的原则下解决。

5.8 本协议一经签订，双方原有的货运代理协议自动终止。

5.9 本协议由双方授权的如下代表签署，自签字之日起生效，有效期一年。协议执行期间若任何一方对本协议的内容提出更改或终止，须提前一个月以书面形式通知另一方。

5.10 本协议一式两份，双方各执一份，有效期为：

年 月 日 至 年 月 日

补充：货描、箱型、贸易条款、提货地、起运港、目的港、收货地。

甲方：(盖章/签字) 乙方：(盖章/签字)

签订时间： 年 月 日

1.2 任务清单

任务内容	任务要求
了解海运、空运、铁路运输	区别各种运输方式并选择
了解海运提单条款	海运提单填写
了解国际货运代理协议条款	掌握代理协议的主要条款内容

1.3 任务描述

天津华升进出口贸易有限公司 TIANJIN HUASHENG IMPORT AND EXPORT CO., LTD，地址为 NO. 2 YOUYI ROAD，HEXI DISTRICT，TIANJIN，CHINA 向德国汉堡安联进出口贸易有限公司 Allianz IMPORT AND EXPORT CO., LTD，地址为 REICHPIETSCHUFER50，D-10785BERLIN，HAMBURG，GERMANY 出口链条 CHAIN，货号为 304#，STAIN STEEL ITEM NO. TJ SW001，数量 50000 PCS，包装方式 50 PCS/CARTON，每箱毛重 22kgs，每箱净重 21.5kgs，总数量 1000 CARTONS，一个 20 尺集装箱装运。合同号为 DEG-2022-20，合同签订日期为 2022 年 1 月 30 日。报价为 FOB TIANJIN USD5.0/PC。装运期为 2022 年 5 月 15 日前。付款方式为信用证。海运出口从天津港到汉堡港。该出口运输以及报关业务委托给 International AI HUA FREIGHT FORWARDER LTD（China Office）&（Euro Office）公司办理。相关信息如下：

Waybill No. BZLNZ00000015866

Reference No. 09400012567

船名 MADISON MAERSK/338F

Container No. MEDD2891757

请你以天津华升进出口贸易有限公司业务员李明的身份，完成提单填写工作。

1.4 任务实施

任务分组

<table>
<tr><td>班级</td><td></td><td>组号</td><td></td><td>指导教师</td><td></td></tr>
<tr><td>组长</td><td colspan="2"></td><td>学号</td><td colspan="2"></td></tr>
<tr><td rowspan="4">组员</td><td colspan="2"></td><td rowspan="4">学号</td><td colspan="2"></td></tr>
<tr><td colspan="2"></td><td colspan="2"></td></tr>
<tr><td colspan="2"></td><td colspan="2"></td></tr>
<tr><td colspan="2"></td><td colspan="2"></td></tr>
</table>

步骤一：根据任务提供的信息填写提单中的各部分内容。

步骤二：根据上述任务描述中的案例自行拟定国际货运代理协议。

步骤三：各组组员之间相互审核提单以及国际货运代理协议的各项条款，指出错误指出并加以更正。

任务工单

B/L（海运提单）

<table>
<tr><td colspan="2" rowspan="2">(1) Shipper/Exprter</td><td>(4) Waybill No.</td></tr>
<tr><td>(5) Reference No.</td></tr>
<tr><td colspan="2">(2) Consignee</td><td>(6)（出口方货代信息）</td></tr>
<tr><td colspan="2">(3) Notify Party</td><td>(7) For Delivery of Goods Apply to</td></tr>
<tr><td colspan="2">(8) Vessel/Voyage</td><td>(11) Place of Receipt</td></tr>
<tr><td>(9) Port of Loading</td><td>(10) Port of Discharge</td><td>(12) Final Destination</td></tr>
</table>

续表

<table>
<tr><td colspan="4">(13) Kind of Packages; Description of Goods, Marks and Numbers, Container No/Seal No.

(14) Gross Weight (15) Measurement</td></tr>
<tr><td colspan="3">(16) Total Number of Container or Packages</td><td>(20) Declared Cargo Value</td></tr>
<tr><td rowspan="2">(17) Charges</td><td rowspan="2">(18) Prepaid</td><td rowspan="2">(19) Freight Collect</td><td>(21) Place and Date of Issue of Waybill</td></tr>
<tr><td>(22) Issues As Agents for</td></tr>
</table>

1.5 任务评价

任务内容	评价指标		分值	得分
运输方式的选择	1	能够准确地在提单上填写发货人和收货信息	10	
	2	准确从提单中找出船期、船名并跟踪	15	
	3	准确在提单中标注货描和铅封号	15	
	4	了解国际货运代理合同甲乙双方职责	20	
	5	合理拟订国际货运代理合同中付款方式和账期	10	
	6	按照国际货运代理协议约定，及时在货物装到指定运输工具上后提供相关材料	20	
	7	当甲乙双方遇到争议，需要合理处理索赔事宜	10	
总计			100	

1.6 技能巩固

西安家具进出口有限公司 XI'AN FURNITURE IMPORT AND EXPORT CO., LTD，地址为 NO. 1 NANJING ROAD，YANTA DISTRICT，XI'AN，CHINA 从意大利米兰纽琳贸易公司 NEWLIN TRADE CO., LTD，地址为 DORSODURO 3246，MILAN，ITALY 进口厨具 Kitchen 14 套，合同号是 DSN-2021-01，合同签订日期为 2022 年 1 月 15 日，毛重为 7619.064kgs，净重为 7266.264kgs，报价为 2350EURO/set EXW 米兰，in one 40'High Container，铁路运输从米兰到西安，装运期为 2022 年 4 月 31 日前，付款方式为电汇（BY T/T），委托给如

下货代安排相关提货报关工作：Xi'an International forwarder Co.，Ltd。

装运站：米兰

目的站：西安

Waybill No. BAZT00000016786

Reference No. 98736412567

Train information：2296027888762/20225016

Container No. CICU2088908

注：铁路运输的提单叫作 MRN，其内容一致。

请你以西安家具进出口有限公司业务员的身份充分了解以上业务，并将已知信息填入以下表格内。

<table>
<tr><td colspan="3" rowspan="2">(1) Shipper/Exporter</td><td>(4) Waybill No.</td></tr>
<tr><td>(5) Reference No.</td></tr>
<tr><td colspan="3">(2) Consignee</td><td>(6)（出口方货代信息）</td></tr>
<tr><td colspan="3">(3) Notify Party</td><td>(7) For Delivery of goods apply to</td></tr>
<tr><td colspan="3">(8) Train Information</td><td>(11) Place of Receipt</td></tr>
<tr><td colspan="2">(9) Loading</td><td>(10) Discharge</td><td>(12) Final Destination</td></tr>
<tr><td colspan="4">(13) Kind of Packages; Description of Goods, Marks and Numbers, Container No/Seal No.
(14) Gross Weight (15) Measurement</td></tr>
<tr><td colspan="3">(16) Total Number of Container or Packages</td><td>(20) Declared Cargo Value</td></tr>
<tr><td rowspan="2">(17) Charges</td><td rowspan="2">(18) Prepaid</td><td rowspan="2">(19) Collect</td><td>(21) Place and Date of Issue of Waybill</td></tr>
<tr><td>(22) Issues As Agents for</td></tr>
</table>

1.7 知识拓展

中欧班列

中欧班列是指来往于中国和欧洲以及“一带一路”沿线多个国家的集装箱货运列车。据2022年7月数据，中欧班列已经达到82条运行线路，可达欧洲24个国家。国内分为西、中、东3条通道，分别经新疆阿拉山口或霍尔果斯、内蒙古二连浩特、满洲里出境。从国际通道看，现在已经有两条线路，一条是经由俄罗斯西伯利亚铁路，对应二连浩特、满洲里两个出口，另一条是经由哈萨克斯坦，对应阿拉山口。而这两条线路都要经由俄罗斯抵达欧洲。与海运对比，铁路货运最明显的优势是时间短，在沿线各国对班列运营优化后，同样的货物始发地与目的地，班列运输单程只需要10~15天，而海运则需要40~50天，这还是没有考虑从货物制造地到港口的时间。物流时间缩短，意味着能提前回笼资金，提高资金周转率，这是企业乐于所见的。此外，与到欧洲的海上距离相比，到欧洲的铁路距离更短，且铁路受恶劣天气影响较小，相比海运更为安全。

任务2　运输条款拟定及海运费的核算

2.1 任务知识

2.1.1　装运条款拟定

在国际货物买卖合同中，买卖双方必须对交货时间、装运地、目的地、分批装运、转运、装运通知、滞期、速遣等条款做出具体的规定。明确合理地规定装运条款，是保证装运合同顺利履行的重要条件。

一、装运期与交货期

（一）装运期与交货期的含义及其区别

装运时间（Time of Shipment）又称装运期，是指卖方将合同规定的货物装上运输工具或交给承运人的期限。交货时间（Time of Delivery）是指交付货物的时间。

装运时间与交货时间通常是一致的。C组贸易术语下装运期与交货期是一致的，但在D组贸易术语中的目的港交货（DAP、DAT等）以及在其他目的地交货的价格条件下，装运与交货就是两个截然不同的概念。

（二）约定装运期与交货期的意义

根据国际贸易中有关法律与惯例的解释，装运期与交货期都是买卖合同中的主要条件，如合同一方当事人违反装运期或交货期，另一方当事人有权要求赔偿损失，甚至撤销合同。

（三）约定装运期与交货期的方法

1. 规定明确、具体的装运时间

装运时间一般不确定在某一个日期上，而是确定在一段时间内，即在合同中订明某年某月装运，或某年跨月装运，或某年某季度装运等。例如，7/8/9月份装运（SHIPMENT DURING JULY/AUG. /SEP.）或9月底或以前装运（SHIPMENT AT OR BEFORE THE END OF SEP.）等。

2. 规定收到信用证后若干天装运

例如，收到信用证后30天内装运（SHIPMENT WITHIN 30 DAYS AFTER RECEIPT OF

L/C)。为防止买方不按时开证，一般还规定，买方必须不迟于某月某日将信用证开到卖方（THE RELEVANT L/C MUST REACH THE SELLER NO LATER THAN…）的限制性条款。

这种方法主要适用于下列情况：①按买方要求的花色、品种和规格或专为某一地区或某商号生产的商品，或者是一旦买方拒绝履约难以转售的商品，为了防止遭受经济上的损失，则可采用此种规定方式。②在一些外汇管制较严的国家和地区，或实行进口许可证或进出口配额制的国家，为促成交易，有时也可采用这种方法。③对某些信用较差的客户，为促使其按时开证，也可酌情采用这一方法。

3. 规定近期装运术语

例如，立即装运（Immediate Shipment）、即期装运（Prompt Shipment）、尽快装运（Shipment as soon as Possible）等。

（四）约定装运期与交货期的注意事项

1. 应考虑货源、运输和市场需求等实际情况

装运期规定的近远，应和生产、库存情况相适应。如现货或加工需时较短，装运期可以规定近一些；加工费时较多，则远一些。在由我方负责租船订舱的条件下，对装运期的规定必须考虑有关的运输情况，还要注意市场的销售季节，装运时间如能赶在销售季节之前，将是我方争取好价的因素之一。

2. 对装运期的规定要明确

在买卖合同中，应明确规定装运或交货的具体期限，凡“立即装运”“即期装运”和“尽速装运”之类的规定，应尽量避免使用。

3. 装运期限应适当，并考虑开信用证日期的规定是否合理

装运期规定过短或过长都是不适当的。过短将给船货安排带来一定的困难；过长不但占压买方资金（开证占压的资金），影响买方订购的积极性，而且可能使卖方出口商品不能赶上有利的销售时机，从而削弱卖方出口商品的竞争能力。装运期或交货期与开证日期是相互关联的，为了保证按期装运和及时交货，在规定装运期或交货期的同时，还应明确合理地规定开证日期，并使二者互相衔接起来。一般来说，信用证至少应在装运期或交货期开始前15天开到卖方，以便卖方有必要的时间安排船货。

4. 应结合考虑交货港、目的港的特殊季节因素

如北欧、加拿大东海沿岸港口冬季易封冻结冰，故装运时间不宜订在冰冻时期。反之，某些热带地区，则不宜订在雨季装运等。

二、装运地（港）与目的地（港）

（一）约定装运港（地）和目的港（地）的意义

装运港（Port of Shipment）是指货物起始装运的港口。装运港一般由出口方提出，经

进口方同意后确定。

目的港（Port of Destination）是买卖合同中规定的最后卸货港口，目的港则由进口方提出，经出口方同意后确定。此条款只在采用F组和C组术语时才涉及。

在国际货物买卖合同中，约定装运地（港）和目的地（港），既有利于卖方按约定地点组织货源和发运货物，也有利于买方按约定地点接运或受领货物。

（二）约定装运港（地）与目地港（地）条款的方法

（1）在一般情况下，装运港和目的港分别规定一个。例如，装运港：上海（PORT OF SHIPMENT：SHANGHAI）；目的港：伦敦（PORT OF DESTINATION：LONDON）。

（2）有时按实际业务的需要，也可分别规定两个或两个以上的装运港或目的港。例如，装运港：新港/上海（XINGANG/SHANGHAI）。目的港：伦敦/利物浦（LONDON/LIVERPOOL）。

（3）在磋商交易时，如明确规定装运港或目的港有困难，可以采用选择港（OPTIONAL PORTS）办法。规定选择港有两种方式：一是在两个或两个以上港口中选择一个，如CIF伦敦/汉堡/鹿特丹（CIF LONDON/HAMBURG/ROTTERDAM）；二是笼统规定某一航区为装运港或目的港，例如，地中海主要港口——EMP：EUROPEAN MAIN PORT。

（三）约定装运地（港）和目的地（港）的注意事项

1. 规定国外装运港和目的港应注意的问题

（1）对国外装运港或目的港的规定应力求具体明确，一般情况下，不能笼统地订为“欧洲主要港口”“非洲主要港口”等。由于有些主要港并无统一解释，而且各港口距离远近不同，装卸条件、运费不一，极易发生纠纷。

但是在实际业务中，有时根据具体情况和需要，也可允许在同一航区规定两个或两个以上的邻近港口为装运港或目的港。例如，有些买方是中间商，他们在洽谈交易时明确指定具体目的港有困难，为了照顾买方的实际困难和促成交易，可允许买方在几个港口中任选其中一个港口作为目的港，但选择的目的港必须在同一航线。同时在合同中应明确规定，如所选目的港要增加运费、附加费，费用应由买方负担；买方应在开立信用证的同时宣布最后目的港。

（2）不能接受内陆城市为装运港或目的港的条件。

（3）必须注意国外装卸港的具体运输和装卸条件。例如，有无直达班轮航线、港口装卸设备、码头泊位的深度、冰冻期、对船舶国籍有无限制、港口的规章制度以及运费、附加费的水平等。

（4）应注意国外港口有无重名问题。例如，世界上维多利亚（Victoria）港就达12个之多，名为波特兰（Portland）、波士顿（Boston）、的黎波里等港口有数个。为了防止发生差错，如有重名港，在买卖合同中要注明装卸港所在国家或地区的名称。

2. 规定国内装运港和目的港应注意的问题

（1）在出口业务中规定装运港时，除主要应考虑离货源比较接近的港口外，同时也应考虑港口和国内运输的条件和费用水平。对统一对外成交而分口岸交货的某些商品来说，由于成交时还不能最后确定装运港，也可规定为“中国口岸”，或规定两个以上具体港口为装运港，这样比较灵活主动。

（2）在进口业务中规定国内卸货港时，一般要选择接近用户或用货单位的港口为宜。但是为了避免港口拥挤产生堵塞现象，卸货港也可规定为“中国口岸”。

三、分批装运和转运

（一）分批装运的含义

分批装运（Partial Shipment）又称分期装运，是指一个合同项下的货物分若干批或若干期装运。如需分批装运，应在买卖合同中规定分批装运条款。造成分批装运的原因是多方面的，如除了成交量较大外，运输工具的限制、目的港装卸条件差、船源紧张、市场销售的需要、一次备货有困难、期货成交后需逐批生产等。

（二）规定分批装运条款的注意事项

按照《UCP600》的规定，①凡是信用证上没有明确规定不准分批装运和转运的，则一律视为允许分批装运和转运。②运输单据表明货物是使用同一运输工具并经同一路线运输的，即使运输单据注明装运日期不同及（或）装运地（港）不同，只要目的地相同，也不视为分批装运。③如信用证规定在指定的时间内分批装运，若其中任何一批未按约定的时间装运，则该批和以后各批均告失效。

（三）中途转运

1. 转运的含义

转运（Transhipment）是指没有直达船或一时无合适的船舶运输，而需通过中途港转运至目的港。

2. 约定转运条款的原因

没有直达船或船期不定或航次间隔太长。

3.《UCP600》的规定

除非信用证另有规定，可准许转运。

4. 约定转运条款的注意事项

（1）载明交易双方同意转运，并对转运的办法和转运费的负担做出明确具体的约定。

（2）转运条款通常是与装运时间结合起来规定的。

（3）合同中是否规定允许转运或不准转运条款，应视具体情况而定。

四、装卸时间、装卸率和滞期、速遣条款

（一）装卸时间

装卸时间（Lay Time）是指允许完成装卸任务所约定的时间。由于装卸时间的长短和装卸效率的高低，直接关系到船方的利害得失，故船方出租船舶时，都要求在定程租船合同中规定装卸时间、装卸率，并规定延误装卸时间和提前完成装卸任务的罚款与奖励办法，以约束租船人。

装卸时间一般以天数或小时来表示，其规定方法很多，其中主要有下列几种。

（1）日（Days）或连续日（Running Days or Consecutive Days）。其是指午夜至午夜连续 24 小时的时间，也就是日历日数。这种规定下，不论是实际不可能进行装卸作业的时间（如雨天、施工或其他不可抗力），还是周末或节假日，都应计为装卸时间。因此，对租船人很不利。

（2）累计 24 小时好天气工作日（Weather Working Days of 24 Hours）。这是指在好天气情况下，不论港口习惯作业为几小时，均以累计 24 小时作为一个工作日。如果港口规定每天作业 8 小时，则一个工作日便跨及几天的时间。这样规定对租船人有利。

（3）连续 24 小时好天气工作日（Weather Working Days of 24 Consecutive Hours）。这是指在好天气情况下，连续作业 24 小时算一个工作日，中间因坏天气影响而不能作业的时间应予扣除。这种方法一般适用于昼夜作业的港口。当前，国际上采用这种规定的较为普遍，我国一般都采用此种规定办法。

（二）装卸率

装卸率是指每日装卸货物的数量。装卸率一般应按照港口习惯的正常装卸速度，本着实事求是的原则，具体确定装卸率。规定过高，完不成装卸任务，要承担滞期费；规定过低，虽能提前完成装卸任务，可得到船方的速遣费，但船方因装卸率低，船舶在港时间长而增加运费，致使租船人得不偿失。因此，装卸率的规定应当适当。

（三）滞期费和速遣费

（1）滞期费是指在规定的装卸期限内，租船人未完成装卸作业，给船方造成经济损失，租船人对超过的时间应向船方支付的一定罚金。

速遣费是指在规定的装卸期限内，租船人提前完成装卸作业，使船方节省了船舶在港的费用开支，船方应向租船人就可节省的时间支付一定的奖金。按惯例，速遣费一般是滞期费的一半。

（2）在程租船运输中计算速遣费时，计算节省的时间有两种方法，一是把到截止日为止的许可时间减去实际完成装卸时间，即为节省的全部时间（All Time Saved）；二是把节省的全部时间再减去其中星期日、假日等非工作日，剩下的时间就称为节省的工作时间

（Working Time Saved）。

五、装运通知

装运通知（Advice of Shipment）是在采用租船运送大宗进出口货物的情况下，在合同中加以约定的条款。规定这个条款的目的在于明确买卖双方的责任，促使买卖双方互相配合，共同做好船货衔接工作。如在 FOB 条件下，买方应按约定的时间将船名、船期等通知卖方，卖方装船后应及时通知买方以便买方购买保险。

买卖双方约定装运通知有着重要的意义。就卖方而言，装运通知除便于交接货物外，主要表明其交付货物的运输风险已转由买方负担。就买方而言，装运通知则更具有多方面的意义：一是便于买方办理货运保险或追加保险；二是便于买方早日着手准备提货事宜；三是便于买方预售货物。

根据国际贸易惯例，如按 FOB、CFR、CIF 术语出口，卖方应在货物装船后，将货物的品名、件数、重量、发票金额、船名及装船日期等各项内容在约定的时间内电告对方；如按 FCA、CPT 和 CIP 术语出口，卖方应在把货物交付承运人后，将所交付货物的具体情况及交付时间告知买方，以便买方办理投保及进口报关手续，做好接卸货物的准备。

六、装运条款示例

装运条款

Shipment from Tianjin to NewYork by sea. Not later than May，2020. Partial shipment and transshipment are allowed.

2.1.2 海运费核算

一、集装箱运费计算

（一）整箱货运费计算

整箱货一般按整箱计收运费。包箱运价（Feight for All Kinds，FAK）是集装箱运输的基本费。

$$整箱运费=基本费\times集装箱个数$$

例如，我方进口罐头，数量为 3 个 20 尺集装箱，毛重 54000 千克，体积 74.5 立方米，每个标准箱的运费为 1850 美元，转船费为 685 美元，求总运费。

答：总运费 =（1850+685）×3 = 7605 美元

（二）拼箱货运费计算

$$拼箱运费=基本运价\times运费吨+拼箱手续费$$

例如，商品 A 从加拿大进口，卸货港是大连。商品 A 的体积是每纸箱 0.164 立方米，每纸箱装 60 只。蒙特利尔港口运至大连的海运费分别是 20 尺集装箱为 1350 美元，40 尺集装箱为 2430 美元；拼箱费率每立方米 65 美元，每一笔的拼箱费 88 美元。试分别计算进口数量为 5000 只和 9120 只的海运费。

答：第一步，计算产品体积：

进口数量为 5000 只，总体积 = 5000/60×0.164 = 13.667 立方米。

进口数量为 9120 只，总体积 = 9120/60×0.164 = 24.928 立方米。

第二步，20 尺集装箱体积 25 立方米，40 尺集装箱体积 55 立方米。

进口 5000 只需要拼箱，所以，海运费 = 13.667×65+88 = 976.36 美元。

进口 9120 只只需一个 20 尺集装箱，所以，海运费 = 1350 美元。

二、非集装箱运输运费计算

总运费 = 基本运费+附加费

= 运费吨×基本运费率+附加费

例如，由天津新港运往莫桑比克一批门锁 500 箱，每箱体积 0.025 立方米，毛重为 30 千克，计费标准为 W/M，去东非航线马托普每运费吨为 450 港元，另收燃油附加费 20%，港口附加费 10%，求门锁总运费。

答：W = 0.03，M = 0.025，因 W>M，所以按运费吨计算运费。

总运费 = 基本运费率×运费吨+附加费

= 450×0.03×500×(1+20%+10%) = 8775 港元

班轮运费计算

2.2 任务清单

任务内容	任务要求
装运条款书写	能够使用英文正确拟定装运条款
海运费计算	能够正确计算海运费

2.3 任务描述

天津华升进出口贸易有限公司向德国汉堡安联进出口贸易有限公司出口链条 50000 个，包装方式 50 PCS/CARTON，1000 个纸箱。一个 20 尺集装箱装运。每箱体积为 0.2 米×0.3 米×0.4 米，毛重为 25kgs，出口时燃油附加费为 15%，港口拥挤费为 15%，计费标准 W/M，查表基本运费为每运费吨 100 美元。装运期不迟于 2022 年 5 月 15 日，允许分批和转船运输。请你以天津华升进出口贸易有限公司业务员李明的身份，拟定装运条款并核算海运费。

2.4 任务实施

任务分组

班级		组号		指导教师	
组长			学号		
组员			学号		

步骤一：使用英文拟定装运条款。

步骤二：对比每箱的重量和体积，哪个大按照哪个计算基本运费。

步骤三：按照 W/M 的标准计算总的海运费。

任务工单

任务名称	任务内容
装运条款拟定	装运条款英文：
海运费核算	核算过程：

2.5 任务评价

任务内容	评价指标	分值	得分
装运条款	能够正确使用英文拟定运输条款	40	
	能够正确计算海运费	60	
总计		100	

2.6 技能巩固

我国某外贸公司出口商品货号 H208 共 5000 箱，该货每箱净重 20 千克，毛重 22 千克，体积 0.03 立方米，出口总成本每箱人民币 999 元，外销价格每箱 120 美元 CFR 卡拉奇。海运费按照 W/M 计算，装中远公司班轮出口，费率为 52 美元/运费吨。该商品换汇成本及盈亏率是多少？

2.7 知识拓展

运单与提单的区别

（1）海运单不是物权凭证，不能背书或转让，而提单是物权凭证，可以背书或转让。

（2）海运单上必须详尽标明收货人，一般情况下，除收货人以外，他人不得提货。而提单上不必标明确切的收货人名称。

（3）海运单背面一般没有印上运输合同的条款，而提单背面印有运输合同条款。

项目五

支付条款拟定

项目描述

天津华升进出口贸易有限公司于 2022 年 1 月 30 日与德国汉堡安联贸易有限公司签订出口 50000 个链条的合同。纸箱包装，每个纸箱装 50 个，共 1000 个纸箱，恰好可以用一个 20 尺集装箱装运出口。公司对外报价为每个链条 5 美元 FOB TIANJIN。装运期为 2022 年 5 月 15 日前。付款方式为即期信用证，信用证开证日期为 2022 年 4 月 10 日，信用证号 ITBE001122，开证行为 CITI BANK，海运出口从天津港到汉堡港。请根据已知条件，完成银行汇票的缮制和支付条款的拟定。

学习目标

知识目标：

1. 了解 3 种常见支付工具。
2. 掌握 3 种支付方式的使用。

能力目标：

1. 能够选用有利的结算方式。
2. 能够订立正确的支付条款。

人生目标：

随着我国经济实力不断发展，许多国家开始使用人民币用于国际结算，使得中国在世界舞台有了更大的话语权。作为青年人增强了对中国的自信，我们要为中国式现代化发展贡献自己最大的力量。

任务1 支付工具的使用

1.1 任务知识

一、支付工具的含义及内容

（一）含义

支付工具是用于资金清算和结算过程中的一种载体，可以是记录和授权传递支付指令和信息发起者的合法金融机构账户证件，也可以是支付发起者合法签署的可用于清算和结算的金融机构认可的资金凭证。

（二）分类

（1）货币（Curreney）。以货币作为支付工具是国际贸易中的传统做法。在使用货币作为支付工具时，货币币种的选择显得特别重要，应考虑货币的可兑换性和币值的稳定性。在现代国际贸易货款的收付中，以货币作为支付工具的情形并不多见，一般仅限于小量的交易，主要是货款的尾数或零差等。

（2）票据（Document）。票据是目前国际贸易中主要的支付工具，票据是指以支付金钱为目的的证券，是由出票人签名于票据上，约定由自己或另一人无条件地支付确定金额的可流通转让的证券。票据可分为汇票、本票和支票3种，在国际货款的收付中，主要使用汇票，有时也使用本票和支票。

（三）票据内容及使用

1. 汇票

（1）汇票的内容

汇票的基本内容有8项，即汇票号码、汇票日期、汇票金额、汇票期限、收款人（Payee）、出票条款、付款人（Payer、Drawee）、出票人（Drawer）。

（2）汇票的使用

①出票（To Draw）。即出票人签发汇票并交付给收款人的行为。

②提示（Presentation）。提示是持票人将汇票提交付款人要求承兑或付款的行为，是持票人要求取得票据权利的必要程序。提示又分付款提示和承兑提示。

③承兑（Acceptance）。指付款人在持票人向其提示远期汇票时，在汇票上签名，承诺于汇票到期时付款的行为。具体做法是付款人在汇票正面写明“承兑（Accepted）”字

样，注明承兑日期，签章后交还持票人。付款人一旦对汇票做承兑，表明承兑人以主债务人的地位承担汇票到期时付款的法律责任。

④付款（Payment）。付款人在汇票到期日，向提示汇票的合法持票人足额付款。

⑤背书（Endorsement）。票据包括汇票是可流通转让的证券。根据《中华人民共和国票据法》规定，除非出票人在汇票上记载“不得转让”外，汇票可以由持有人在票据背面签上自己的名字，或加上受让人的名字，并把票据交给受让人。

汇票

2. 本票

（1）本票的内容

本票是出票人签发的，承诺自己在见票时无条件支付确定的金额给收款人或者持票人的票据。本票的基本内容有：确定的金额、收款人名称、出票日期、出票人签章。

（2）本票的使用

本票按出票人的不同分为一般本票和银行本票两种。出票人是企业或个人的称为一般本票或商业本票，一般本票有即期和远期之分；出票人是银行的称为银行本票，它只有即期一种。银行本票由银行签发，承诺自己在见票时无条件支付确定金额给收款人或持有人。商业本票由工商企业或个人签发，一般不具备再贴现条件，特别是中小企业或个人开出的远期本票，信用保证不高，很难流通。

3. 支票

（1）支票的内容

支票是出票人签发的，委托银行或其他金融机构在见票时无条件支付确定金额给收款人或持票人的票据。支票分为一般支票、划线支票、记名支票、不记名支票、保付支票和银行支票6种。支票的基本内容有：确定的金额、付款人名称、出票日期、出票人签章。

（2）支票的使用

①现金支票的使用。现金支票是开户单位用于向开户行提取现金的凭证，实务工作中一般在提取备用金时使用现金支票。

②划线支票的使用。划线支票是在支票正面划两条平行线的支票，非银行不得领取票款，需要委托银行代收票款入账。支票遗失、被人冒领时，可以通过银行代收的线索追回票款。

本票和支票

1.2 任务清单

任务内容	任务要求
汇票出票条件的拟定	能够在信用证支付方式下、托收方式下拟定正确的出票条件

续表

任务内容	任务要求
汇票中金额的拟定	能够使用英文正确书写汇票中的金额大写，并保证大小写一致，不得涂改
汇票付款期限的拟定	能够根据不同情况如见票即付、见票后付款、出票后付款、提单日后付款等进行付款期限填写
汇票抬头的拟定	能够使用正确的身份作为汇票抬头人并进行填写，可区分3种不同的抬头方式
汇票付款人的拟定	能够区分在信用证下和托收下的付款人身份的不同，并进行正确填写
汇票出票人的拟定	能够使用正确的身份作为汇票出票人并进行填写

1.3 任务描述

天津华升进出口贸易有限公司 TIANJIN HUASHENG IMPORT AND EXPORT CO., LTD. 地址：NO. 2 YOUYI ROAD, HEXI DISTRICT, TIANJIN, CHINA，向德国汉堡安联进出口贸易有限公司 ALLIANZ IMPORT AND EXPORT CO., LTD. 地址：REICHPIETSCHUFER50, D-10785BERLIN, HAMBURG, GERMANY 出口链条 CHAIN，货号为 304# STAIN STEEL ITEM No. TJSW001，数量 50000PCS，用一个 20 尺集装箱装运出口。合同号 DEG-2022-20，合同签订日期为 2022 年 1 月 30 日。报价为 FOB TIANJIN USD5. 0/PC。装运期为 2022 年 5 月 15 日前。付款方式为信用证，信用证开证日期为 2022 年 4 月 10 日，信用证号 IT-BE001122，开证行为 CITI BANK，议付行为 BANKE OF CHINA, TIANJIN BR。海运出口从天津港到汉堡港。请你以天津华升进出口贸易有限公司业务员李明的身份，完成银行汇票的缮制任务工单。

1.4 任务实施

任务分组

班级		组号		指导教师	
组长			学号		
组员			学号		

步骤一：填写汇票中的出票条件、日期与汇票号。

步骤二：填写银行汇票中的小写金额、付款期限、大写金额、抬头。

步骤三：填写银行汇票中的出票人和付款人。

步骤四：组与组之间交叉互审汇票中的条款填写是否正确，错误之处应指出。

任务工单

BILL OF EXCHANGE

凭 Drawn Under　　　　不可撤销信用证 Irrevocable L/C No.

日期 Date　　　　支取 Payable With interest　@　%　按　息　付款

号码 No.　　　　汇票金额 Exchange for　　　　南京 Nanjing

见票 at　　　　日后（本汇票之副本未付）付交 sight of this FIRST of Exchange (Second of Exchange

Being unpaid) Pay to the order of　BANK OF CHINA

金额 the sum of

此致 To

1.5 任务评价

任务内容	评价指标		分值	得分
汇票相关知识	1	汇票出票条件的拟定是否正确	10	
	2	汇票中大写金额的拟定是否正确	10	
	3	汇票中小写金额的拟定是否正确	10	
	4	汇票付款期限的拟定是否正确	10	
	5	汇票号的拟定是否正确	10	
	6	汇票中的出票地点的拟定是否正确	10	
	7	汇票抬头的拟定是否正确	10	
	8	汇票付款人的拟定是否正确	10	
	9	汇票出票人的拟定是否正确	10	
	10	汇票整体格式拟定是否规范统一	10	
总计			100	

1.6 技能巩固

天津美林进出口有限公司 TIANJIN MEILIN INMPORT AND EXPORT CO. LTD. 向美

国 UNITED TEXTILES LTD 出口纯棉床单，金额共 200000 美元，支付方式为托收中的即期付款交单，卖方所在地银行为中国银行天津分行 BANK OF CHINA，TIANJIN BRANCH。合同号为 SC85422147，发票号为 INV45284571。请将上述内容填入图 5-1 中正确位置。

BILL OF EXCHANGE

凭 Drawn Under			不可撤销信用证 Irrevocable L/C No.					
日期 Date		支取 Payable With interest	@		%	按	息	付款
号码 No.		汇票金额 Exchange for		南京 Nanjing				
	见票 at		日后（本汇票之副本未付）付交 sight of this FIRST of Exchange (Second of Exchange					
Being unpaid) Pay to the order of								
金额 the sum of								
此致 To								

图 5-1　汇票实例

1.7 知识拓展

汇票案例分析

假定某家美国公司 A 向法国公司 B 采购一批物品，订单号为 98E0603001，价值为 100000 美元，约定装运后 30 天付款。法国公司 C 向美国公司 D 也采购了一批商品，价值为 100000 美元，假如货物的装运日期为 2018 年 7 月 10 日，而美国公司 B 和 C 之间刚好存在某种业务关系。如果法国公司 C 向 B 借贷或者提供物品与劳务，关系如图 5-2 所示。

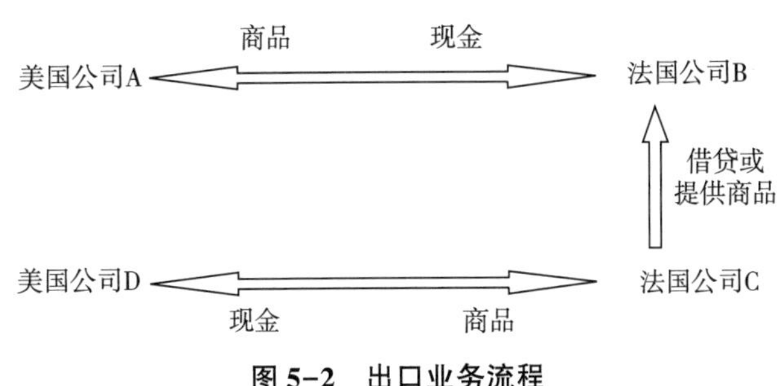

图 5-2　出口业务流程

如果案例中的法国公司 B 开立一张汇票，收款人是法国公司 C，受票人是美国公司 A，汇票开立后，B 公司将汇票交给 C，用汇票解决 B 和 A、A 和 C 之间的债权债务关系。

法国公司 C 收到汇票后，为了清偿其对美国公司 D 的债务，可以将以上汇票通过背书转让的方式转给 D，由 D 去向 A 提示汇票，要求 A 付款。这样一来，两笔国际间的债权、债务关系通过一张汇票，最终在美国得以清偿。以票据的流通代替现金的流通，是非常简便的。

任务2 电汇支付条款拟定

2.1 任务知识

一、汇付的含义、分类及特点

1. 含义

汇付（Remittance）是国际贸易中最简单的结汇方式，简称汇款，指付款人主动通过银行或其他途径把款项汇给收款人的一种结算方式。

2. 分类

根据汇出行向汇入行转移资金发出指示的方式，汇付可分为3种类型。

（1）电汇（Telegraphic Transfer，T/T）。电汇是汇出行应汇款人的申请，拍发加押电报或电传给另一个国家的分行或代理行（即汇入行），指示汇入行解付一定金额给收款人的一种汇款方式。电汇方式的业务流程如图5-3所示。

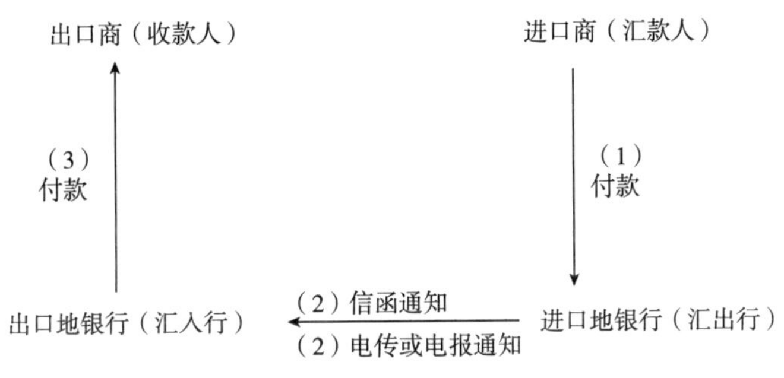

图5-3 电汇业务流程

（2）信汇（Mail Transfer，M/T）。信汇是汇出行应汇款人的申请，用航空信函的形式，指示出口国汇入行解付一定金额的款项给收款人的汇款方式。

电汇业务流程

（3）票汇（Remittance by Banker's Demand Draft，D/D）。票汇是指给汇出行应汇款人的申请，代汇款人开立以其分行或代理行为解付行的银行即期汇票，支付一定金额给收款人的汇款方式。

3. 特点

（1）风险大。汇付虽然是以银行为媒介进行的国际结算，但由于银行在此过程中仅仅承担收付款项的责任，对于买卖双方履行合同中的义务并不提供担保，因此属于商业信用。对于交易双方而言，能否按时收汇或按时收货，完全取决于对方的信用。如果对方信用不好，很可能钱货两空，因此风险非常大。在国际贸易中，汇付方式应在交易双方相互信任的情况下采用，也可以与其他支付方式结合使用，用于预付货款或支付尾款。

（2）交易双方的资金和风险负担不平衡。如果是货到付款，会占用卖方的资金，也加大了卖方的风险，对买方极为有利。但如果是预付货款，则是买方向卖方提供信用并融通资金，对卖方极为有利，却加重了买方的资金负担和风险。

（3）手续简便，费用低廉。汇付结算的手续比较简单，银行手续费用也比较少。特别是电汇，随着现代通信技术的发展，银行与银行之间使用电传直接通信，快速、准确，收款人可以迅速收到货款。

汇付的含义和种类

二、汇付的当事人

（1）汇款人。即付款人，在国际贸易结算中通常是进口方、买卖合同的买方或其他经贸往来中的债务人。

（2）收款人。通常是出口方、买卖合同的卖方或其他经贸往来中的债权人。

（3）汇出行。是接受汇款人的委托或申请，汇出款项的银行。通常是进口人所在地银行。

（4）汇入行。又称解付行，是接受汇出行的委托解付款项的银行。汇入行通常是汇出行在收款人所在地的代理行。

三、电汇支付条款示例

（1）买方应不迟于 6 月 25 日将 100%的货款用电汇预付至卖方。

The buyer shall pay 100% of the sales proceeds in advance by telegraphic transfer to reach the seller not later than June 25th.

（2）买方应于 4 月 20 日前将 30%货款电汇至卖方，其余货款收到正本提单传真后 5 日内支付。

The buyer shall pay 30% of the sales proceeds by telegraphic transfer not later than April 20th. The remaining part will be paid to the sellers within 5 days after receipt of the fax concerning original B/L by the buyers.

电汇条款

2.2 任务清单

任务内容	任务要求
对电汇定义的理解	能够分析什么是电汇，电汇的作用是什么
对电汇当事人的分析	能够根据所学内容分析电汇中的汇出行、汇入行分别是什么银行，当事人还有哪些人
对电汇流程的分析	能够正确书写电汇流程图
电汇条款书写	能够正确使用英文书写电汇条款

2.3 任务描述

天津华升进出口贸易有限公司向德国汉堡安联进出口贸易有限公司出口链条 50000 个，合同签订日期为 2022 年 1 月 30 日。付款方式为电汇，合同签订后 2022 年 2 月 5 日先支付 30%货款，其余货款收到正本提单传真后 5 日内支付。请你以天津华升进出口贸易有限公司业务员李明的身份，完成电汇条款书写。

2.4 任务实施

任务分组

班级		组号		指导教师	
组长		学号			
组员		学号			

步骤一：分析电汇本身和当事人。

步骤二：分析电汇条款，画电汇流程图。

步骤三：用英文书写电汇支付条款。

步骤四：组与组之间交叉互审电汇单中的条款是否正确，错误之处应指出。

任务工单

电汇支付条款分析	
电汇支付方式当事人	
电汇英文条款书写	
电汇支付方式流程图	

2.5 任务评价

任务内容	评价指标		分值	得分
电汇条款	1	电汇中本身说明是否分析正确	20	
	2	电汇中当事人是否分析正确	20	
	3	电汇流程图书写是否正确	30	
	4	电汇支付方式是否书写正确	30	
总计			100	

2.6 技能巩固

西安家具进出口有限公司 XI'AN FURNITURE IMPORT AND EXPORT CO., LTD. 地址：NO. 1 NANJING ROAD, YANTA DISTRICT, XI'AN, CHINA，从意大利米兰纽琳贸易公司 NEWLIN TRADE CO., LTD. 地址：DORSODURO 3246, MILAN, ITALY 进口厨具 Kitchen 14 套，合同号是 DSN-2021-01，合同签订日期是 2022 年 1 月 15 日，毛重 7619. 064kgs，净重 7266. 264kgs，报价为 2350EURO/set EXW 米兰，in one 40′High Container，铁路运输从米兰到西安，装运期为 2022 年 4 月 31 日前。付款方式为 100%预付电汇。请使用英文拟定电汇支付条款。

2.7 知识拓展

汇付中应注意的问题

汇付是比较快捷的支付方式，电汇尤其如此。但是，在汇付中汇出时间与汇出时间差的存在，对卖方仍然意味着风险。

此外，在国际贸易中假汇单和误汇单问题时有发生，对卖方亦意味着风险。所谓“假汇单”问题，即付汇人故意伪造汇单，然后将假汇单传真给卖方，诱使其发货。所谓“误汇单”问题，即汇付人非故意地错填了汇单，汇出银行亦按该汇单汇款，但因汇单错填，汇出的款项被退回。

任务3 托收支付条款拟定

3.1 任务知识

一、托收支付的含义、分类及特点

1. 托收的含义

托收指债权人（卖方）出具债权凭证（如汇票等），委托出口地银行通过它在进口地的分行或代理行向债务人（买方）收取货款的一种支付方式。

2. 托收的分类

（1）光票托收。是指出口商仅开具汇票而不附商业单据（主要指货运单据）的托收。光票托收并不一定不附带任何单据，有时也附有一些非货运单据，如发票、垫款清单等，这种情况仍被视为光票托收。

光票托收的汇票，在期限上也应有即期和远期两种。但在实际业务中，由于一般金额都不太大，即期付款的汇票较多。

（2）跟单托收。是指附有商业单据的托收。卖方开具托收汇票，连同商业单据（主要是指货物装运单据）一起委托给托收行。跟单托收可分为以下两种情况。

①付款交单（D/P）。指出口人的交单以进口人的付款为条件，即出口人发货后，取得装运单据，委托银行办理托收，并指示银行只有在进口人付清货款后，才能把商业单据交给进口人。

D/P

付款交单按付款时间的不同，又可分为即期付款交单和远期付款交单。

远期付款交单（D/P at sight）指出口人发货后开具远期汇票，连同商业单据，通过银行向进口人提示，进口人审核无误后即在远期汇票上进行承兑，并于汇票到期日付清货款后，再领取商业发票。

②承兑交单（D/A）。指出口人的交单以进口人在远期汇票上承兑为条件，即出口人发货后，开具远期汇票，连同商业单据，通过银行向进口人提示，进口人承兑汇票后，代收银行即将商业单据交给进口人，待汇票到期时，进口人再履行付款义务。

托收中的 D/A

3. 托收的流程

详细的托收流程如图 5-4 所示。

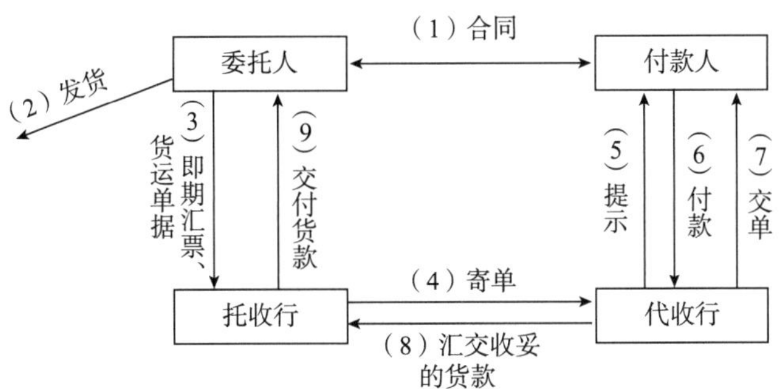

图 5-4 托收流程（即期付款交单）

4. 特点

托收虽然是通过银行办理的，但银行只是按照出口商的指示办事。如果出现货款遭到拒付，单据在传递过程中出现延误，单据被伪造，单据出现翻译错误、语言分歧，货物无法安全到达，货物与单据描述不相符等情况，银行均不负责任。卖方交货后，能否收回货款，完全取决于买方的信誉，属于典型的商业信用。

对于出口商来说，托收是先发货后收款。如果是远期托收，出口商可能在货到后很久才能收回全部货款，存在垫付资金的压力。同时，出口商是否能按时收回全部的货款，取决于进口商的商业信誉，因此出口商还要承担一定的信用风险。

对于进口商来说，使用托收的方式时，无需烦琐的银行手续及费用，且不必预付银行押金，减少费用支出，可以加速资金的周转。因此，很多出口商把托收方式作为推销库存货和加强对外竞销的手段。

四、托收的当事人

（1）委托人。是委托银行办理托收业务的一方。在国际贸易结算中，出口方开具汇票，委托银行向国外进口方（债务人）收款。

（2）托收银行。指受委托人的委托办理托收的银行，通常为出口方所在地的银行。

（3）代收银行。指接受托收行委托，向付款人收款的银行，通常是托收行在付款人所在地的关联银行或代理行。

（4）付款人。是银行根据托收指示书的指示提示单据的对象。托收业务中的付款人，即贸易合同中的买方或债务人。

（5）提示行。是指向付款人提示汇票和单据的银行，可以由代收银行兼任，也可以是与付款人有账户往来关系的银行。

三、常见托收条款

（1）买方根据卖方开具的即期跟单汇票，于见票时立即付款，付款后交单。

Upon first presentation the buyers shall pay against documentary draft drawn by the sellers at sight. The shipping documents are to be delivered against payment only.

（2）买方根据卖方开具的跟单汇票，于见票后 60 天付款，付款后交单。

The buyers shall pay against documentary draft drawn by the sellers at 60 days' sight, the shipping documents are to be delivered against payment only.

3.2 任务清单

任务内容	任务要求
对托收定义的理解	能够分析什么是托收，托收的作用是什么
对托收当事人的分析	能够根据所学内容分析托收中的银行及相关当事人
对托收流程的分析	能够正确书写即期付款交单、远期付款交单、承兑交单的流程图
托收条款书写	能够正确使用英文书写托收条款

3.3 任务描述

天津华升进出口贸易有限公司向德国汉堡安联进出口贸易有限公司出口链条 50000 个。合同签订日期为 2022 年 1 月 30 日。装运期为 2022 年 5 月 15 日前。付款方式为即期付款交单。请你以天津华升进出口贸易有限公司业务员李明的身份，拟定托收支付条款。

3.4 任务实施

任务分组

<table>
<tr><td>班级</td><td></td><td>组号</td><td></td><td>指导教师</td><td></td></tr>
<tr><td>组长</td><td colspan="2"></td><td>学号</td><td colspan="2"></td></tr>
<tr><td rowspan="4">组员</td><td colspan="2"></td><td rowspan="4">学号</td><td colspan="2"></td></tr>
<tr><td colspan="2"></td><td colspan="2"></td></tr>
<tr><td colspan="2"></td><td colspan="2"></td></tr>
<tr><td colspan="2"></td><td colspan="2"></td></tr>
</table>

步骤一：分析托收本身和当事人。

步骤二：分析托收条款，画出即期付款交单、远期付款交单、承兑交单的流程图。

步骤三：用英文书写托收支付条款。

步骤四：组与组之间交叉互审托收分析单中的条款是否正确，错误之处应指出。

任务工单

托收支付条款分析	
托收支付方式当事人	
托收支付方式流程图	
即期付款交单英文条款书写	
远期付款交单英文条款书写	
承兑交单英文条款书写	

3.5 任务评价

任务内容	评价指标		分值	得分
托收条款	1	托收中本身说明是否分析正确	10	
	2	托收中当事人是否分析正确	10	
	3	托收流程图是否书写正确	20	
	4	即期付款交单是否书写正确	20	
	5	远期付款交单是否书写正确	20	
	6	承兑交单是否书写正确	20	
总计			100	

3.6 技能巩固

西安家具进出口有限公司 XI'AN FURNITURE IMPORT AND EXPORT CO.，LTD. 地址：NO. 1 NANJING ROAD，YANTA DISTRICT，XI'AN，CHINA，从意大利米兰纽琳贸易公司

NEWLIN TRADE CO., LTD. 地址：DORSODURO 3246, MILAN, ITALY 进口厨具 Kitchen 14 套，合同号是 DSN-2021-01，合同签订日期是 2022 年 1 月 15 日，货物毛重 7619.064kgs，净重 7266.264kgs，报价为 2350EURO/set EXW 米兰，in one 40′High Container，铁路运输从米兰到西安，装运期为 2022 年 4 月 31 日前。付款方式为 30 天远期付款交单。请你以西安家具进出口有限公司业务员的身份，用英文书写支付条款。

3.7 知识拓展

托收应当注意的问题与防范措施

采用托收方式的出口商可能遇到买方的信用、政治法律、贸易术语选用不当及承兑交单（D/A）等 8 种风险。

1. 采用托收方式对出口商的风险

在托收业务中，无论是委托人和托收行之间，还是托收行和代收行之间，都是委托代理关系。卖方货款的收取，虽然是通过银行办理，但是银行只是作为委托人（出口人）的代理人按照委托指示办事，既无检查货运单据是否完整或正确的义务，也无承担付款人必然付款或承兑的责任。如果付款人借故拒绝付款赎单，除非事先约定，银行也无义务代为提货、存仓和保管货物。因此，出口人须关心货物的安全，直到对方付清货款为止。至于货款能否收到，完全取决于进口人的信用。因此，托收属商业信用性质。

采用托收方式收取货款，对出口人来说，有相当大的风险。其主要风险有：

（1）买方的信用风险

①买方破产或丧失偿还能力。这主要是指进口企业因经营不善而破产，或其企业虽然继续存在，但没有足够的财力向出口商支付货款，造成出口商的货款不能收回。

②买方因市场发生对自己不利的变化而借故毁约、拒付。

（2）政治、法律风险

进口国政府的更替、国内政治局势的变化，甚至是政府的某种行为，都可能妨碍买方履行支付协议。比如，进口许可制度、进口外汇支付的冻结等，都可能使买方难以履行支付义务，导致进口商拒付货款。

（3）货物到达目的地时被禁止进口或可能被没收处罚的风险

由于进口商事先没有领取进口许可证，因而货物到达目的地时被禁止进口或可能被没收处罚。此外，对进口的食品、饮料、药品等与人体健康有关的货物，世界上大多数国家都规定了卫生检验标准，如果违反进口国规定的标准，就会被拒绝进口或者没收，甚至被销毁。

2. 风险防范措施

（1）交易前必须选择好可靠的交易伙伴，即使是多次打过交道的客户尤其是中间商，也应经常调查和考察其资信情况和经营作风。对不同进口人按其具体情况确定不同的授信额度，并根据情况的变化，及时调整授信额度。

(2) 了解进口国家的贸易管制和外汇管制条例，以免货到目的地后，由于收不到外汇或不准进口甚至可能被没收处罚而造成损失。

(3) 应争取采用 CIF 或 CIP 贸易术语成交，由我方自办保险。投保的险别宜选一切险和战争险，必要时加保拒收险。拒收险的保险责任是：货物在进口时，由于各种原因，被进口国的有关当局拒绝进口或没收所造成的损失，保险公司负赔偿责任。

(4) 必须了解有关国家的银行对托收的规定和习惯做法，了解进口国家的商业惯例和海关及卫生当局的各种有关规定，以免违反进口地习惯或规定，影响安全迅速收汇，甚至使货物遭没收、罚款或销毁。对一些采用与托收惯例相悖的地区性惯例的进口商，应采用即期付款交单成交，不接受远期 D/P，以防止进口地银行将远期付款交单做成承兑交单的风险。

(5) 及时采取保全货物的措施。在托收出口业务中，我方须关心货物的安全，直到对方付清货款为止。当买方拒绝赎单付款时，必须尽快委托目的港方面的代理人、客户或代收行代为提货、存仓、保管或处理货物，对易腐变质的货物尤须如此。根据托收的国际惯例，如果付款人拒绝付款赎单，除非事先约定，银行无义务代为提货、存仓和保管货物。为便于及时处理货物，我们可预先在委托书中指定代收行作为“需要时的代理”，即在托收委托书中除了列明付款人及其相关人的名称和地址、交单条件、拒付证书以及利息与费用处理等内容外，还提请代收行对拒付后的货物处理做出适当的安排，以便拒付发生后，及时将货物存仓或妥善处理。据此，我方届时如无法自行处理货物时，便可委托代收行代为提货、存仓和保管货物，以免遭受货、款两空的损失。

任务4　信用证支付条款拟定

4.1　任务知识

一、信用证的含义及内容

（一）信用证的含义

信用证（Letter of Credit，L/C）是指由银行（开证行）依照（申请人）的要求和指示，或自己主动在符合信用证条款的条件下，凭规定单据向第三者（受益人）或指定方进行付款的书面文件。即信用证是一种银行开立的有条件承诺付款的书面文件。

信用证与汇款和托收相比，银行作用由只提供服务演变为既提供服务又提供信用和资金融通，属于银行信用。

（二）信用证的特点

1. 信用证是一种银行信用

信用证是开证行应开证申请人的请求开立的，开证行承担第一性的付款责任。

2. 信用证是一项独立于买卖合同之外的自足文件

信用证虽然是根据买卖合同开立的，但信用证一经开出，就成为独立于买卖合同以外的一项约定。信用证约束的是开证行与受益人之间的契约关系，买卖合同约束的是买卖双方的契约关系。

信用证的含义与特点

3. 信用证是一种单据买卖

《UCP600》第5条规定：银行处理的是单据，而不是单据涉及的货物、服务或其他行为。银行只负责单证、单单之间的表面相符。

（三）信用证的分类

1. 按是否附有货运单据分类

（1）跟单信用证（Documentary Credit）。即凭跟单汇票或仅凭单据付款的信用证。

（2）光票信用证（Clean Credit）。即凭非随附货运单据付款的信用证。银行凭光票信用证付款，也可要求受益人附交一些非货运单据，如发票、垫款清单等。

2. 按开证行所负责任分类

（1）不可撤销信用证。指信用证一经开出，在有效期内，未经受益人及有关当事人同意，开证行不得片面修改和撤销，只要受益人提供的单据符合信用证规定，开证行必须履行付款义务。

（2）可撤销信用证。指开证行不必征得受益人或有关当事人同意有权随时撤销的信用证。不可撤销信用证上应注明“可撤销”字样。根据《UCP600》，所有有效的信用证均视为不可撤销信用证。

3. 按有无另一银行加以保证兑付分类

（1）保兑信用证。指开证行开出的信用证，由另一银行保证对符合信用证条款规定的单据履行付款义务。

（2）无保兑信用证。指开证行开出的信用证没有经另一家银行保兑的信用证。

4. 按照保兑方式的不同分类

（1）议付信用证。指开证行在信用证中，邀请其他银行预先买入货运单据的信用证，即允许受益人向某一指定银行或任何银行交单议付的信用证。

（2）即期付款信用证。指开证行或付款行收到符合信用证条款的跟单汇票或装运单据后，立即履行付款义务的信用证。

（3）承兑信用证。指开证行或付款行在收到符合信用证规定的远期汇票和货运单据时，先在汇票上签字承兑，在汇票到期日再付款的信用证。

（4）延期付款信用证。指在信用证上规定，开证行或付款行在收到符合信用证规定的单据若干天后，或货物装船后若干天付款的信用证。

5. 按是否可转让分类

信用证的种类

（1）可转让信用证。指信用证的受益人（第一受益人）可以要求授权付款、承担延期付款责任、承兑或议付的银行（统称转让行），或当信用证是自由议付时，可以要求信用证中特别授权的转让银行，将信用证全部或部分转让给一个或数个受益人（第二受益人）使用的信用证。开证行在信用证中要明确注明“可转让”（Transferable），且只能转让一次。

（2）不可转让信用证。指受益人不能将信用证的权力转让给他人的信用证。凡信用证中未注明“可转让”，即是不可转让信用证。

（四）信用证的当事人

（1）开证申请人（Applicant）。指向银行提交申请书申请开立信用证的人。一般为进出口贸易中的进口商。

（2）开证行（Opening Bank/Issuing Bank）。指应申请人（进口商）要求向受益人（出口人）开立行用证的银行。

（3）付款行（Paying Bank/Drawee Bank）。指开证行在承兑信用证中指定并授权向受益人承担（无追索权）付款责任的银行。

（4）受益人（Beneficiary）。卖方指开证行在信用证中授权使用和执行信用证并享受信用证所赋予的权益的人。一般为出口商。

（5）通知行（Advising Bank/Notifying Bank）。指受开证行委托，将信用证通知给受益人的银行。一般为开证行在出口地的代理行或分行。

（6）议付行（Negotiating Bank）。指根据开证行在议付信用证中的授权，买进受益人提交的汇票和单据的银行。

（7）偿付行（Reimbursing Bank）。指受开证行指示或由开证行授权，对信用证的付款行、保兑行或议付行进行付款的银行。

（8）保兑行（Confirming Bank）。指应开证行或信用证受益人的请求，在开证行的付款保证之外对信用证进行保证付款的银行。

（五）信用证的内容

即期信用证业务流程

（1）信用证类型。

（2）信用证号码。

（3）到期日及地点。

（4）开证申请人。

（5）受益人。

（6）币别代码、金额。

（7）付款方式和指定银行。

（8）是否保兑。

远期信用证的业务流程

（六）信用证结算流程

信用证开立至付款的流程如图 5-5 所示。

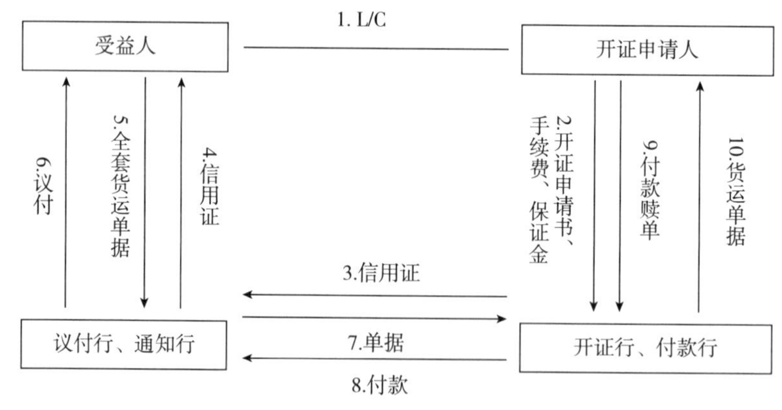

图 5-5　信用证结算流程

二、信用证条款

（1）The buyer shall open through a bank acceptable to the sellers an irrevocable sight letter of credit to reach the sellers 30 days before the month of shipment, valid for negotiation bank of

China, Tianjin branch until the 15th day after the month of shipment.

(2) By irrevocable L/C available by seller's documentary draft at X days after sight, to be availed for negotiation in China until the 15th day after date of shipment. The L/C must reach the seller 30 days before the contracted month of shipment.

信用证的支付条款拟定

(3) The Buyer shall pay 30% of the sales proceeds to the Seller in advance by T/T before Jan 1st, 2019, pay the balance by sight L/C which should be opened before Jan 12th, 2019.

4.2 任务清单

任务内容	任务要求
对信用证本身的分析	能够分析信用证的种类、号码、开证日期、有效期、信用证到期日和信用证金额
对信用证当事人的分析	能够根据所学内容分析信用证开证申请人、受益人、开证行、通知行、议付行等
对单据要求的分析	能够分析信用证中的发票、箱单、汇票、提单、保险单、产地证等条款
对货物条款的分析	能够正确分析品名、数量、包装、单价、总金额、术语等条款
对运输条款的分析	能够分析装运港、目的港、是否允许分批装运和转船、装运期以及支付方式等
对附加条款的分析	能够正确理解附加条款的意思，能够辨别是否存在软条款
信用证支付条款拟定	能够使用英文正确书写信用证支付条款

4.3 任务描述

天津华升进出口贸易有限公司 TIANJIN HUASHENG IMPORT AND EXPORT CO., LTD. 地址：NO. 2 YOUYI ROAD, HEXI DISTRICT, TIANJIN, CHINA，向德国汉堡安联进出口贸易有限公司 Allianz IMPORT AND EXPORT CO., LTD. 地址：REICHPIETSCHUFER50, D-10785BERLIN, HAMBURG, GERMANY 出口链条 CHAIN，货号为 304# STAIN STEEL ITEM No. TJSW001，数量 50000 PCS，包装方式为 50 PCS/CARTON，每箱毛重 22kgs，每箱净重 21.5kgs，总数量 1000 CARTONS，用一个 20 尺集装箱装运出口。合同号为 DEG-2022-20，合同签订日期为 2022 年 1 月 30 日。报价为 FOB TIANJIN USD5.0/PC。装运期为 2022 年 5 月 15 日前，允许分批装运，付款方式为即期信用证，信用证开证日期为 2022 年 4 月

10 日，信用证号 ITBE001122，开证行为 CITI BANK，海运出口从天津港到汉堡港。附加单据包括手签一式两份的商业发票、装箱单一式两份、全套海运提单、产地证书一式两份。请你以天津华升进出口贸易有限公司业务员李明的身份，完成信用证分析单的任务工单。

4.4 任务实施

任务分组

<table>
<tr><td>班级</td><td></td><td>组号</td><td></td><td>指导教师</td><td></td></tr>
<tr><td>组长</td><td colspan="3"></td><td>学号</td><td colspan="1"></td></tr>
<tr><td rowspan="4">组员</td><td colspan="2"></td><td rowspan="4">学号</td><td colspan="2"></td></tr>
<tr><td colspan="2"></td><td colspan="2"></td></tr>
<tr><td colspan="2"></td><td colspan="2"></td></tr>
<tr><td colspan="2"></td><td colspan="2"></td></tr>
</table>

步骤一：分析信用证本身和当事人。

步骤二：分析信用证单据条款。

步骤三：分析信用证货物条款和运输条款。

步骤四：组与组之间交叉互审信用证分析单中的条款是否正确，错误之处应指出。

任务工单

信用证分析报告

信用证本身说明

<table>
<tr><td>信用证号码</td><td></td><td>信用证种类</td><td></td></tr>
<tr><td>信用证开证日期</td><td></td><td>信用证有效期</td><td></td></tr>
<tr><td>信用证交单期</td><td></td><td>信用证到期地点</td><td></td></tr>
<tr><td colspan="2">议付行限制</td><td colspan="2"></td></tr>
<tr><td colspan="2">信用证金额（是否有增减幅度）</td><td colspan="2"></td></tr>
</table>

信用证当事人

开证申请人	
受益人	
开证行	
通知行	
付款行/偿付行	
议付行	
保兑行	

单据要求

单据名称	单据份数		要求		
汇票			付款期限	付款人	出票条款
提单	正本	副本	抬头	通知方	运费支付
保险单			保险险别	保险加成	赔付地/币种
发票					
装箱单					
原产地证					
其他单据					

货物条款

唛头	品名		规格 货号		数量		术语	
	包装		件数		单价		总值	

运输条款

装运港		目的港	
可否分批		可否转运	
装运期		运费支付方式	

其他附加条款

4.5 任务评价

任务内容	评价指标		分值	得分
信用证分析	1	信用证中本身说明是否分析正确	10	
	2	信用证中当事人是否分析正确	10	
	3	信用证中发票条款是否分析正确	10	
	4	信用证中汇票条款是否分析正确	10	
	5	信用证中装箱单条款是否分析正确	10	
	6	信用证中海运提单条款是否分析正确	10	
	7	信用证中货物条款是否分析正确	10	
	8	信用证中运输条款是否分析正确	10	
	9	信用证中是否存在软条款	10	
	10	信用证英文条款书写是否正确	10	
总计			100	

4.6 技能巩固

LETTER OF CREDIT

MTS700 ISSUE OF A DOCUMENTARY CREDIT PAGE 00001

FUNC SWPR3

UMR 09182387

MAGACK DWS7651 AUTH OK, KEY B19604214FAEA9B2, BKCHCNBJ SAIVJPJT RECORD BASIC HEADER

F 01 BKCHCNBJA 3008118 157214

USRE HEADER SERVICE CODE 103:

BANK PRIORITY 113:

MSG USER REF 108: INFO. FROM

C1 115

SEQUENCE OF TATAL	*27:	1/1
FORM OF DOC. CREDIT	*40:	IRREVOCABLEABLE
DOC, CREDIT NUMBER	*20:	UBST93281
DATE OF ISSUE	*31C:	190202
EXPIRY	*31C:	190415 IN THE BENEFICIARY COUNTRY
APPLICANT	*50:	MOUNTAINSHADES INC.

NO. 03 METEOR ROAD LOTUS DISTRICT IN BOSTON U. S. A

BENEFICIARY	*59:	TIFERT (TIANJIN) ENTERPRISES CO., LTD. NO. 17 YINGSHUI ROAD JINGIIAI DISTRICT IN TIANJIN CHINA
AMOUNT	*32B:	USD157000
MAX CREDIT AMOUNT	*39B:	NOT EXCEEDING
AVAILABLE WITH/BY	*41D:	BANK OF CHINA TIANJIN BRANCH BY NEGOTIATION
DRAFTS AT…	*42C:	AT SIGHT FOR FULL INVOICE VALUE
DRAWEE	*42A:	BANK OF NEW YORK
PARIAL SHIPMENTS	*43P:	ALLOWED
TRANSHIPMENT	*43T:	ALLOWED
LOADING IN CHARGE	*44A:	TIANJIN
FOR TRANSPORT TO	*44B:	NEW YORK

LATEST DATE OF SHIP. *44C: 190331

DESCRIPTION OF GOODS *45A: SUNCAP

40000 SET, USD5.40/SET

PACKING: 1SET/BOX, 100SETS/CARTON

CIF NEW YORK

DOCUMENTS REQUIRED *46

+ 3/3 SET OF ORIGINAL CLEAN ON BOARD BILLS OF LADING MADE OUT TO ORDER AND BLANK ENDORSED (背书/转让) AND MARKED " FREIGHT PREPAID" NOTIFY APPLICANT (WITH FULL NAME AND ADDRESS)

+ ORIGINAL SIGNED COMMERCIAL INVOICE IN 5 FOLD INDICATING S/C NO.

+ INSURANCE POLICY/CERTIFICATE IN 3 COPIES FOR 110% OF THE INVOICE VALUE SHOWING CLAIMS PAYABLE IN NEW YORK IN CURRENCY OF THE DRAFT, BLANK ENDORSED, COVERING ALL RISKS AND WAR RISKS AS PER OMCC OF CIC DATED 1/1/1981.

+ CERTIFICATE OF ORIGIN IN 1 ORIGINAL AND 1 COPY

+ PACKING LIST IN 3 FOLD

+ COPY OF FAX SENT BY BENEFICIARY TO THE APPLICANT AFTER SHIPMENT ADVISING THE DESPATCH WITH SHIP'S NAME, BILL OF LADING NUMBER AND DATE, AMOUNT AND DESTINATION PORT.

ADDITIONAL COND. *47

T. T. REIMBURSEMENT IS PROHIBITED.

DETAILS OF CHARGES *71B

ALL BANKING CHARGES OUTSIDE NEW YORK INCLUDING REIMBURSEMENT COMMISSIONS, ARE FOR ACCOUNT OF BENEFICIARY.

PRSENTATION PERIOD *48

DOCUMENTS TO BE PRESENTED WITHIN 15 DAYS AFTER THE DATE OF SHIPMENT, BUT WITHIN THE VALIDITY OF THE CREDIT

CONFIRMATION *49: WITHOUT

INSTUCTIONS *78:

THE NEGOTIATION BANK MUST FORWARD THE DRAFTS AND ALL DOCUMENTS BY REGISTERED AIRMIL DIRECT TO US IN TWO CONSECUTIVE LOTS, UPON RECEIPT OF THE DRAFTS AND DOCUMENTS IN ORDER, WE WILL REMIT THE PROCEEDS AS INSTRUCTED BY THE NEGOTIATING BANK.

TRAILER：ORDER IS<MAC：><PAC：><ENC：><CHK：><TNG：><PDE：>

MAC：3CDFF763

CHK：8A1AA1203070

回答以下问题：

1. 写出信用证的性质、号码。
2. 写出信用证的开证日期。
3. 写出信用证的到期日和到期地点。
4. 写出信用证的金额。
5. 写出信用证的议付银行、信用证的付款人、付款期限。
6. 写出对所交提单的要求。
7. 写出信用证的装运地和目的地。
8. 写出信用证规定的最迟装运日期。
9. 翻译信用证中的交单期条款。
10. 翻译信用证中对单据的相关要求。

4.7 知识拓展

支付方式的选择

一、选择合适的支付方式时应该考虑的因素

1. 客户信用等级的高低

如果客户的信用等级很一般或是贸易双方是首次进行交易，应该选用 L/C 的方式；如果客户的信用等级较高，可以选用 D/P，既可以达到节省开证费的目的，也可以在一定程度上把握物权凭证的安全性；如果客户的信用等级非常高，就可以选用 D/A 甚至是直接 T/T 的方式。

2. 货物供求状况

如果是畅销的货品，卖方可选择对自身有利的支付方式，如要求用 L/C 进行结算，甚至要求买方预付货款。如果是滞销的货品，则所选择的支付方式可能会有利于进口商，如 D/A，甚至可以货到付款。

3. 选用的贸易术语和合同金额的高低

不同的贸易术语对于买卖双方的责任规定以及风险分担有所不同，因此也应根据贸易术语的不同来选择合适的支付方式。对于象征性交货组中的 CIF 和 CFR，就可以选用托收和 L/C 的方式；而对于 FXW 和实际交货的 D 组术语，一般就不会采取托收的形式进行结算；对于 FOB 和 FCA 等术语，由于运输的事宜是由买方安排的，出口人很难控制货物，所以在一般情况下也不会选择托收的方式。另外，合同金额如果不大，则可以考虑选择速

度较快、费用低廉的T/T方式或光票托收方式。

选择支付方式的最终目的是尽量降低结算的成本，分散结算的风险，促使进出口贸易顺利进行。以上所列举的各个因素会在不同的时间、不同的国家和地区、不同的历史阶段、不同的具体客观情况下而对货款的支付有不同程度的影响。

二、多种结算方式的结合

从国际贸易实践情况来看，单纯某一种结算方式总是不能满足交易各方的要求。面对不断变化的市场，有必要采用综合支付方式进行结算。

（1）汇款和托收相结合。如先采取T/T的形式预付10%的定金，在装船后以T/T结算合同款的40%，剩余的50%采用D/P即期付款的形式。这种选择既能保证供货方及时履行发货的义务，又能约束进口人及时付款，同时节省了更多银行费用的支出，也节约了宝贵的贸易时间。

（2）汇款和信用证相结合。如定金的部分以T/T形式支付；主要的货款采用L/C的方式进行支付；至于一些余款，以T/T的方式支付。

（3）托收与信用证结合使用。这样的组合既尽量地避免不必要的开支，也能对作为物权凭证的单据起到保护的作用。如将D/A和信用证和银行保函结合在一起使用，或要求使用由代收银行开具的银行承兑汇票，这样，原来的商业信用就被转变为银行信用，将出口商的风险转嫁给银行。

项目六

保险条款拟定

项目描述

天津华升进出口贸易有限公司于 2022 年 1 月 30 日与德国汉堡安联贸易有限公司签订出口 50000 个链条的合同。纸箱包装，每个纸箱装 50 个，共 1000 个纸箱，恰好可以用一个 20 尺集装箱装运出口。公司对外报价为每个链条 5.11 美元 CIF HAMBURG，保险费率 2%。装运期为 2022 年 5 月 15 日前。付款方式为即期信用证。海运出口从天津港到汉堡港。投保一切险和战争险。请你以天津华升进出口贸易有限公司业务员李明的身份，拟定保险条款并核算保险费。

学习目标

知识目标：

1. 了解保险条款内容。
2. 掌握保险条款险别。
3. 掌握保险费计算方法。

能力目标：

1. 能够正确拟定合同中的保险条款。
2. 能够正确计算保险费。

人生目标：

作为外贸人，要时刻保持风险意识、牢记防范措施。国际贸易环节多、时间长，任何一个环节的疏忽大意都会造成无法弥补和挽救的损失。树立风险防范意识，是每个外贸人具备的最基本素质。

任务1　海上损失及保险险别

1.1 任务知识

一、海上货物运输的风险

（一）海上风险

海上风险（Perils of the Sea）又称海难，指船舶或货物在海上运输过程中所遇到的风险，它包括自然灾害和意外事故，但并不包括海上的一切风险。

1. 自然灾害（Natural Calamity）

自然灾害是指不以人们意志为转移的自然界力量所引起的灾害。不是泛指一切由于自然力量造成的灾害，而是仅指恶劣气候、雷电、地震、海啸或火山爆发等人力不可抗拒的自然力量造成的灾害。

现将上述自然灾害导致的风险的基本含义说明如下。

（1）恶劣天气导致的风险。一般指海上的飓风、大浪引起的船体颠簸倾斜，并由此造成船体、船舶机械设备的损坏，或者因此而引起的船上所载货物的相互挤压、碰撞所导致的货物的破碎、渗漏、凹瘪等损失。

（2）雷电导致的风险。指被保险货物在海上或陆上运输过程中，由雷电直接造成的或者由于雷电引起火灾所造成的损害。

（3）海啸导致的风险。主要指由于海底地壳发生变异，地壳下降或上升而引起的剧烈震荡产生的巨大波浪，致使被保险货物遭受损害或灭失。

（4）地震或火山爆发导致的风险。这是指直接或归因于地震或火山爆发所导致的被保险货物的损失。

（5）洪水导致的风险。指因江河泛滥、洪水暴发、湖水上岸及倒灌、暴雨积水导致货物遭受泡损、淹没、冲散等损失。

（6）浪击落海导致的风险。通常指存放在舱面上的货物在运输过程中受到海浪冲击落海而造成的损失。

（7）海水、湖水或河水进入船舶、驳船、运输工具、集装箱、大型海运箱或储存处所等导致的风险。这种风险不仅包括由于海水造成的货物的损失，也包括湖水、河水导致的货物损失。

2. 意外事故（Fortuitous Accidents）

由于偶然、非意料的原因所造成的事故。不是泛指海上所有的意外事故，而仅指运输工具搁浅、触礁、沉没、船舶与流冰或其他物体碰撞以及失踪、失火、爆炸等造成的事故。

现将上述意外事故的含义分别说明如下。

（1）搁浅。指船底同海底或浅滩保持一定时间的固定状态。这一状态必须是在事先预料不到的意外情况下发生的。至于规律性的潮汛涨落造成船底触及浅滩或滩床，退潮时搁浅、涨潮时船舶重新浮起继续航行，则属于必然现象，不能作为保险上的“搁浅”事故。

（2）触礁。指船体触及海中的险礁和岩石等造成的意外事件。船只同沉船的残骸相接触，也可以视为触礁。

（3）沉没。指船体的全部或大部分已经没入水面以下，并已失去继续航行的能力。如船体的一部分浸入水中或者不继续下沉，海水仍不断渗入舱内，但船只还具有航行能力的，则不能视作沉没。

（4）碰撞。船舶与其他船或其他固定的、流动的固体物猛力接触叫碰撞。例如，同码头、桥梁、浮筒、灯标等相撞。船只同海水的接触以及船只停泊在港口内与其他船并排停靠码头旁边，因为波动相互挤擦，均不能作为碰撞。

（5）失踪。船舶在航运中失去联络，音讯全无，达到一定时间，仍无消息，可以按失踪论处。这“一定”时间，并无统一的规定，有些国家规定为6个月，也有规定为4个月的。船舶的失踪，大部分是由于海上灾害引起的，但也有人为因素造成的。如敌方的扣押、海盗的掳掠等。

（6）失火。又叫火灾。它既包括船只本身、船上设备和机器的着火，也包括货物自身的燃烧等。引起火灾的原因很多，有自然灾害的因素，如闪电、雷击等；有的是货物本身受到外界气候、温度等影响而自燃，如黄麻、煤块等在高温下自己燃烧起来；有的是人为因素，如船上人员或修船人员的疏忽所引起火灾，如烟蒂未熄灭、使用电焊器时火花溅及物体等引起的燃烧。

（7）倾覆。指船舶在航行中遭受自然灾害或意外事故导致船体翻倒或倾斜，失去正常状态，非经救助不能继续航行，由此造成的货物的损失，属于倾覆责任。

（二）外来风险

外来风险一般是指海上风险以外的其他外来原因所造成的风险。外来风险可分为一般外来风险和特殊外来风险。

1. 一般外来风险

一般外来风险是指被保险货物在运输途中由于偷窃、短量、雨淋、沾污、渗漏、破碎、受热受潮、串味等外来原因所造成的风险。其含义分述如下：

（1）偷窃。指暗中的窃取，不包括公开的、攻击性的劫夺。

（2）沾污。指货物在运输途中受到其他物质的污染所造成的损失。

（3）渗漏。指流质或者半流质的物质因为容器的破漏而引起的损失。

（4）破碎。指易碎物品遭受碰压造成破裂、碎块的损失。

（5）受热受潮。指由于气温的骤然变化或者船上的通风设备失灵，使船舱内的水气凝结，引起发潮发热导致货物的损失。

（6）串味。指货物受到其他异味物品的影响而引起串味导致的损失。

（7）生锈。指货物在运输过程中发生锈损现象。

（8）钩损。指货物在装卸搬运的操作过程下，由于挂钩或手钩使用不当而导致的货物损失。

（9）碰损。指金属及其制品在运输途中因受震动、受挤压而造成变形等损失。

（10）短量。指货物在运输过程中发生重量短少。

2. 特殊外来风险

特殊外来风险是指由于军事、政治、国家政策法令以及行政措施等特殊外来原因所造成的风险与损失。例如，战争、罢工、因船舶中途被扣而导致交货不到以及货物被有关当局拒绝进口或没收而导致的损失等。

海运风险

二、损失与费用

（一）海上损失

按货物损失的程度划分，海上损失分为全部损失和部分损失（见图 6-1）。

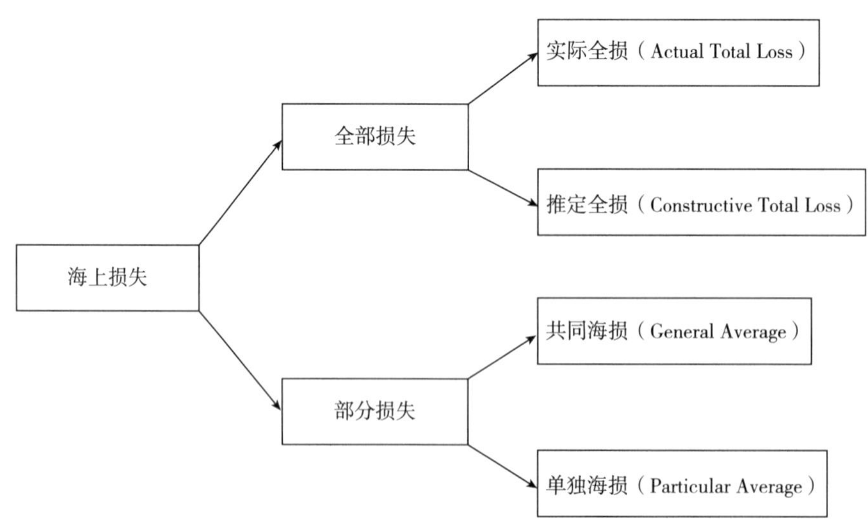

图 6-1　海上损失分类

1. 全部损失

全部损失指运输中的整批货物或不可分割的一批货物的全部损失。分为实际全损和推定全损。

（1）实际全损。指货物完全灭失或变质而失去原有用途，即货物完全损失已经发生或不可避免。

构成被保险货物实际全损的情况有下列几种：

①保险标的物的完全灭失。例如，船只遭遇海难后沉没，货物同时沉入海底。

②保险标的物丧失已无法挽回。例如，船只被海盗劫去、货物被敌方扣押等。虽然船、货物本身并未遭到损失，但被保险人已失去了这些财产。

③保险标的物已丧失商业价值或失去原有用途。例如，茶叶经水泡后，虽没有灭失，仍旧是茶叶，但已不能饮用，失去商业价值。

④船舶失踪，达到一定时期。例如，半年仍无音讯，则可视为全部灭失。

（2）推定全损。指被保险货物受损后未完全灭失，但施救、恢复、整理受损货物并将其运至原订目的地的费用总和已超过货物到达该目的地价值的损失，即这种损失已超过被保险货物的保险价值。

①推定全损主要有以下 4 种情况：

a. 被保险货物遭受严重损害，完全灭失已不可避免，或者为了避免实际全损需要施救等所花费用，将超过获救后被保险货物的价值。

b. 被保险货物受损害后，修理费用估计要超过货物修复后的价值。

c. 被保险货物遭受严重损害之后，整理和续运至目的地的运费已超过残存货物到达目的地的价值。

d. 被保险货物遭受责任范围内的事故，使被保险人失去被保险货物的所有权，而收回该所有权所需费用将超过收回被保险货物的价值。

②推定全损的赔偿方法有两种。一是按部分损失赔偿。这种情况下只赔偿损失的部分。二是按全部损失赔偿。如果按全部损失赔偿，被保险人必须向保险人申请委付，要求保险人按全部损失进行赔偿。

2. 部分损失

部分损失指被保险货物的损失没有达到全部损失的程度。其包括共同海损和单独海损。

（1）共同海损。指载货的船舶在海上遇到灾害、事故，威胁到船、货等各方的共同安全，为了解除这种威胁，维护船货安全或者使航程得以继续完成，船方有意识地、合理地采取措施所做出的某些特殊牺牲或支出某些额外费用。

例如，某一货船从上海驶往马赛途中，遭遇暴风雨，船身严重斜倾，即将倾覆，船长为了避免船只覆没，命令船员抛弃船舱内的一部分货物以保持船身平衡，这种抛弃就是为了避免船、货的全部损失而采取的措施，被抛弃的货物属于特殊牺牲，这项损失应由船、货各利害关系方共同负担。再如，船舶搁浅时，为了使船舶脱险，雇用拖驳强行脱浅的费用即为共同海损。

共同海损是采取救难措施所引起的，构成共同海损应具备以下条件：

①危险必须危及船舶和货物的共同安全，而且是真实的和不可避免的。首先，船舶和货物遇到的危险必须是真实的、实际存在的和紧迫的，主观推测或畏惧担心可能发生的危险并不是真实的危险；其次，危险必须是不可避免的；最后，危险必须是危及船货的共同安全，如果不及时采取措施，会使船舶和货物同时受到很大的损失。

②共同海损行为必须是为了解除船舶和货物的共同危险而有意识且合理地采取的。首先，船舶和货物面临共同危险时，必须是为船舶和货物的共同安全而采取的措施才属于共同海损行为，如果只是为了船舶或货物一方的利益而采取的行为，不能作为共同海损行为。其次，共同海损行为必须是人为的、有意识的且合理的。共同海损行为应该不是意外的，而是经过思考后有意识地做出的，同时这种行为应该是经济的、节省费用的和符合全体利益的。例如，船只在海上遭遇风暴，船身剧烈倾斜，如不减轻重量，会导致整个船身倾入海中而沉没。为此，将偏重部分货舱中的物资抛弃一部分入海以保持船身平衡。有意采取这种合理措施造成的损失，应属共同海损。

③共同海损的牺牲必须是特殊的，费用必须是额外支付的，而且牺牲和费用必须是共同海损行为的直接的、合理的后果。首先，共同海损行为是为了解除海上危险而采取的，超过了船长在一般情况下应尽的义务，因此所导致的牺牲和费用必须是特殊的，正常情况下是不会发生和没有必要支付的。其次，共同海损行为的后果是多方面的，有些是直接产生的，有些是间接产生的，但是只有共同海损行为直接导致的合理的牺牲和费用才属于共同海损。如只是为了船舶或货物单方面的利益而造成的损失，则不能作为共同海损。

④必须是属于非常性质的损失。例如，船只搁浅之后，为使船只脱浅，非正常地使用船上轮机，因而使轮机遭受到损失，即属于非常性质的损失。

共同海损牺牲和费用都是为了使船舶、货物和运费免于遭受损失而支出的，因而应该由船舶、货物和运费各方按最后获救价值的比例分摊，这种分摊叫共同海损的分摊。

分摊共同海损时，涉及的受益方包括货方、船方和运费方。

共同海损的分摊有两个原则：一是分摊以实际遭受的损失或额外增加的费用为准；二是无论受损方还是未受损方均应按标的物价值比例分摊。

进行共同海损分摊时，一般遵循《约克—安特卫普规则》。

⑤共同海损行为必须是最终有效的。采取共同海损行为的最终结果必须是有效地避免了船舶和货物的全损，这种情况下共同海损才能成立。

共同海损的牺牲和费用需要由各受益方进行分摊，所以必须以船舶和货物获救为前提，如果共同海损行为无效，船舶和货物最后全损，便不存在共同海损分摊的基础，共同海损也无法成立。

（2）单独海损。货物在运输途中可能遭遇各种风险而导致损失，如果该风险只影响到单一的货方利益，不会危及到其他方的安全，该风险导致的损失即为单独海损。单独海损可定义为保险标的在运输途中，纯粹由海上风险直接造成的船舶或货物的部分损失，它是特定利益方的部分损失。

例如，某公司出口核桃仁 100 公吨，在海运途中遭受暴风雨，海水浸入舱内，核桃仁受水泡变质，这种损失只是使该公司一家的利益遭受影响，跟同船所装的其他货物的货主和船东的利益并没有什么关系，因而属于单独海损。

构成单独海损应具备两个条件：一是单独海损必须是意外的、偶然的海上风险事故直接导致的损失；二是单独海损由受损货物的货主或船方自行承担，并不影响他人的利益。

（二）其他损失

其他损失指外来风险造成的货物的损失。一般外来风险造成的损失为一般外来风险损失；特殊外来风险造成的损失为特殊外来风险损失。前者如偷窃、雨淋、短量等风险造成的被保险货物的损失，后者如战争、罢工等风险所造成的被保险货物的损失。

（三）海上费用

保险人承担的海上费用是指保险标的发生保险事故后，为减少货物的实际损失而支出的合理费用。其包括施救费（Sue and Labor Charges）和救助费（Salvage Charges）。

1. 施救费用

施救费用又称单独海损费用，是指在遭遇保险责任范围内的灾害事故时，被保险人或其代理人、雇佣人员和保险单证受让人等为抢救保险标的物，以防止其损失扩大所采取的措施而支出的费用。保险人对这种施救费用负责赔偿。

施救费用的构成条件：

（1）施救行为必须是由被保险人或其代理人、雇用人或受让人所采取的，由其他的与被保险人无关的人员采取抢救行为而产生的费用并不属于施救费用。

（2）施救费用的支出受保险责任范围的限制，如果保险货物的损失不属保险责任，被保险人为此而支出的抢救费用不能作为施救费用得到补偿。

（3）施救费用应该是必要的、合理的费用，如果施救行为不当，因此而支付的费用不能作为施救费用，保险人不予赔偿。

2. 救助费用

救助费用是指保险标的物在运输途中遭遇承保范围内的灾害事故时，由保险人和被保险人以外的无契约关系的第三者采取救助行为使船舶和货物免除或减少损失，由被救方向第三者支付的报酬。按照国际惯例，船舶与货物在海上遭遇海难后，其他船舶有义务采取救助行为，而被救方则应支付相应的报酬。

海上救助成立和救助费用产生的条件包括：

（1）被救的船舶或货物必须处于不能自救的危险境地。

（2）救助人必须是与被保险人和保险人无关的第三方，向作为被保险人雇用人的船上人员支付的救助费用不得视为救助费用。

（3）救助行为必须是自愿的，救助人必须是没有救助义务的第三者。

（4）救助行为必须有实际效果。

三、国际海洋运输货物保险条款及险别

依据“中国保险条款”（CIC），我国的海洋运输保险险别，按照能否单独投保分为基本险和附加险两类。基本险可单独投保，附加险不能单独投保。

（一）基本险别

1. 平安险

平安险（Free from Particular Average，FPA）是我国保险公司习惯使用的险别名称，在3个基本险中承保责任范围最小，其英文意思是“单独损失不赔”，即只对共同海损和全部损失予以负责。

平安险承保责任范围包括：

（1）被保险货物在运输途中由于恶劣气候、雷电、海啸、地震、洪水等自然灾害造成的整批货物的全部损失或推定全损。若被保险的货物用驳船运往或运离海轮时，则每一驳船所装的货物可视作一个整批。(自然灾害的全损)

（2）由于运输工具遭到搁浅、触礁、沉没、互撞，与流冰或其他物体碰撞以及失火、爆炸等意外事故所造成的货物全部或部分损失。(意外事故的全损或部分损失)

（3）在运输工具已经发生搁浅、触礁、沉没、焚毁等意外事故的情况下，货物在此前后又在海上遭受恶劣气候、雷电、海啸等自然灾害所造成的部分损失。(遭遇意外事故前后自然灾害所造成的部分损失)

（4）在装卸或转船时由于一件或数件甚至整批货物落海所造成的全部或部分损失。

（5）被保险人对遭受承保责任内危险的货物采取抢救、防止或减少货损的措施所支付的合理费用，但以不超过该批被毁货物的保险金额为限。

（6）运输工具遭遇海难后，在避难港由于卸货引起的损失以及在中途港或避难港由于卸货、存仓和运送货物所产生的特殊费用。

（7）共同海损的牺牲、分摊和救助费用。

（8）运输契约中如订有“船舶互撞责任”条款，则根据该条款规定应由货方偿还船方的损失。

上述责任范围表明，在投保平安险的情况下，保险公司对由于自然灾害所造成的单独海损不负赔偿责任，而对于因意外事故所造成的单独海损则要负赔偿责任。如在运输过程中运输工具发生搁浅、触礁、沉没、焚毁等意外事故，则不论在事故发生之前或之后由于自然灾害所造成的单独海损，保险公司也要负赔偿责任。

2. 水渍险

水渍险（With Average 或 With Particular Average，WA 或 WPA）的承保责任范围除包括上述平安险的各项责任外，保险人还负责被保险货物由于恶劣气候、雷电、海啸、地震、洪水等自然灾害所造成的部分损失。换言之，水渍险对因自然灾害或意外事故造成的损失，不论是全部损失或部分损失，均负责赔偿。

3. 一切险

一切险（All Risks）承保责任范围除包括水渍险的各项承保责任外，保险人还负责被保险货物在运输途中由于一般外来风险所致的全部或部分损失。

在实际业务中，一切险责任范围中所谓的“外来原因”，并非指运输途中的一切外来风险，而是指一般外来风险，并不负责由于特别外来风险造成的损失。

一切险的责任范围是平安险、水渍险和一般附加险责任范围的总和。

上述 3 种基本险别，被保险人可以从中选择一种投保。

根据中国人民保险公司海洋运输货物保险条款规定，“平安险”“水渍险”和“一切险”承保责任的起讫，均采用国际保险业中惯用的“仓至仓条款”的规定。仓至仓条款规定保险公司所承担的保险责任，是从被保险货物运离保险单所载明的起运港（地）发货人仓库开始，一直到货物到达保险单所载明的目的港（地）收货人的仓库时为止。货物一进入收货人仓库，保险责任即行终止。

但是“仓至仓”责任不是绝对的，要受某些条件的限制：

（1）当货物从目的港卸离海轮时起算满 60 天，不论保险货物有没有进入收货人的仓库，保险责任均告终止。例如，100 件绵纱从天津出口被运往吉隆坡，海轮于 6 月 1 日抵达吉隆坡港并开始卸货，6 月 3 日全部卸在码头货棚而未运往收货人仓库，那么该保险责任到 8 月 2 日即告终止。当然，如果在 8 月 2 日前这批棉纱运进了收货人仓库，则不论在哪一天进入该仓库，保险责任也告终止。

（2）如上述保险期限内被保险货物需转运到非保险单所载明的目的地时，则在该项货物开始转运时保险责任终止。

（3）被保险货物在运至保险单所载明的目的港或目的地以前的某一仓库而发生分配、分派的情况，则该仓库就作为被保险人的最后仓库，保险责任也在货物运抵该仓库时终止。

（4）保险人可以要求扩展保险期，例如，对某些内陆国家出口货物，如在港口卸货转运内陆，无法在保险条款规定的保险期限内到达目的地，即可申请扩展保险期。经保险公司出立凭证保险期予以延长，每日加收一定保险费。

4. 我国3种基本险别的除外责任的规定

在上述3种基本险别中，明确规定了除外责任。所谓除外责任是指保险公司明确规定不予承保的损失或费用。除外责任包括：

（1）被保险人的故意行为或过失所造成的损失。

（2）属于发货人责任引起的损失。

（3）在保险责任开始前，被保险货物已存在的品质不良或数量短差所造成的损失。

（4）被保险货物的自然损耗、本质缺陷以及市价跌落、运输延迟所造成的损失或费用。

（5）战争险和罢工险条款规定的责任范围和除外责任。

（二）附加险别

附加险是对基本险的补充和扩大。附加险承保的是除自然灾害和意外事故以外的各种外来原因所造成的损失。附加险只能在投保某一种基本险的基础上才可加保。“中国保险条款”中的附加险有一般附加险和特殊附加险之分。

1. 一般附加险

一般附加险有下列11种险别：

（1）偷窃、提货不着险（Theft，Pilferage and Non-delivery Risk，T. P. N. D.）。对偷窃所致的损失和整体提货不着等损失，保险公司负责赔偿。

（2）淡水雨淋险（Fresh Water and Rain Damage Risk，F. W. R. D.）。对直接遭受雨水、淡水以及雪溶水浸淋所致的损失，保险公司负责赔偿。

（3）短量险（Shortage Risk）。对因外包装破裂或散装货物发生数量损失和实际重量短缺的损失，保险公司负责赔偿。

（4）混杂、沾污险（Intermixture and Contamination Risk）。在运输过程中在混进杂质或被沾污所致的损失，保险公司负责赔偿。

（5）渗漏险（Leakage Risk）。对因容器损坏而引起的渗漏损失，或用液体储藏的货物因液体渗漏而引起的货物腐蚀等损失，保险公司负责赔偿。

（6）碰损、破碎险（Clash and Breakage Risk）。对金属、木质等货物因震动、颠簸、挤压所造成的碰损和对易碎性货物在运输途中由于装卸野蛮、粗鲁、运输工具的颠震所造成的破碎损失，保险公司负责赔偿。

（7）串味险（Taint of Odour Risk）。对被保险的食用物品、中药材、化妆品原料等因受其他物品的影响而引起的串味损失，保险公司负责赔偿。

（8）受潮受热险（Sweat and Heating Risk）。对因气温突然变化或由于船上通风设备失灵致使船舱内水气凝结、受潮或受热所造成的损失，保险公司负责赔偿。

（9）钩损险（Hook Damage Risk）。对在装卸过程中使用手钩、吊钩所造成的损失，保险公司负责赔偿。

（10）包装破裂险（Breakage of Packing Risk）。对因运输或装卸不慎，包装破裂所造成的损失，以及为继续运输安全的需要对包装进行修补或调换所支付的费用，保险公司均负责赔偿。

（11）锈损险（Rust Risk）。对运输过程中发生的锈损，保险公司负责赔偿。

2. 特殊附加险

特别附加险是指承保由于军事、政治、国家政策法令以及行政措施等特殊外来原因所引起的风险与损失。中国人民保险公司承保的特别附加险，包括战争险、罢工险、交货不到险、进口关税险、舱面险、拒收险、黄曲霉素险、扩展条款。

（1）战争险（War Risk）

①责任范围

a. 直接由于战争、类似战争行为、敌对行为、武装冲突或海盗行为等造成的运输货物的损失。

b. 由于上述原因引起的捕获、拘留、扣留、禁止、扣押等造成的运输货物的损失。

c. 各种常规武器（水雷、炸弹等）造成的运输货物的损失。

d. 由本险责任范围引起的共同海损的牺牲、分摊和救助费用。

②除外责任

对敌对行为中使用原子弹或热核制造的武器导致的被保险货物的损失和费用不负责赔偿。

③战争险的保险责任起讫

战争险的负责期限仅限于水面危险，即保险人的承保责任自货物装上保险单所载明的启运港的海轮或驳船开始，到卸离保险单所载明的目的港海轮或驳船为止。

如果货物不卸离海轮或驳船，则从海轮到达目的港当日午夜起算满 15 日之后责任自行终止；如果中途转船，不论货物在当地卸货与否，保险责任以海轮到达该港可卸货地点的当日午夜起算满 15 天为止，等再装上续运海轮时，保险责任才继续有效。

（2）罢工险（Risk of Strike，Riots and Civil Commotions，SRCC）

罢工险是保险人承保罢工者，被迫停工工人，参加工潮、暴动和战争的人员采取行动所造成的承保货物的直接损失，对间接损失不负责。其保险责任的起讫采用“仓至仓”条款。按照国际保险业惯例，在投保战争险的前提下加保罢工险，不另增加保险费。如果仅投保罢工险，则按战争险的费率收取保险费。

（3）交货不到险（Failure to Deliver）

被保险货物从装上船开始，6 个月仍不能运到原定目的地交货，则不论何种原因，保险公司均按全损赔付。

（4）进口关税险（Import Duty Risk）

承保货物已发生保险责任范围内的损失，但被保险人仍需按货物的完好状态完税而遭受的损失。

（5）舱面险（On Deck Risk）

当货物置于船舶甲板上时，加保该附加险后，保险公司除按保险单所载条款负责外，还赔偿货物被抛弃或浪击落海的损失。

（6）拒收险（Rejection Risk）

对被保险货物在进口港被进口国政府或有关当局拒绝进口或没收而产生的损失，保险公司按货物的保险价值负责赔偿。

（7）黄曲霉素险（Aflatoxin Risk）

花生、谷物等易产生黄曲霉素的货物，因黄曲霉素含量超过进口国限制标准而被拒绝进口、没收或强制改变用途所遭受的损失，保险公司负责赔偿。

（8）存仓火险责任扩展条款

出口货物到达香港（包括九龙在内）或澳门等目的地，在卸离运输工具后，如直接存放在保险单所载明的过户银行所指定的仓库，保险责任自运输责任终止时开始，至银行收回货款解除货物的权益为止；或自运输责任终止时起，满 30 天为止。对在此期间发生的火灾所造成的损失，保险公司负责赔偿。

四、伦敦保险人协会海运货物保险条款

在世界海运保险业务中，英国是一个具有悠久历史和保险业比较发达的国家。它所制定的保险规章制度，特别是保险单和保险条款对世界各国影响颇大。目前世界上大多数国家在海上保险业务中直接采用英国伦敦保险协会所制定的“协会货物条款”（Institute Cargo Clause，ICC）。

“协会货物条款”最早制定于 1912 年，后来经过修订，1982 年开始使用新的海运货物保险条款，与旧的条款相比，新条款在条款名称条款结构上都有很大变化。本部分重点介绍 ICC（A）、（B）、（C）条款。

（一）伦敦保险人协会海运货物保险条款的种类

“协会货物条款”共有 6 种险别：

（1）协会货物条款（A）[简称 ICC（A）]；

（2）协会货物条款（B）[简称 ICC（B）]；

（3）协会货物条款（C）[简称 ICC（C）]；

（4）协会战争险条款；

（5）协会罢工险条款；

（6）恶意损害险条款。

以上 6 种险别中 A、B、C 三种险别是基本险，战争险、罢工险及恶意损害险是附加险。其中，除了恶意损害险外，前 5 种险别都可以单独投保。另外，A 险包括恶意损害

险，但在投保 B 险或 C 险时，应另行投保恶意损害险。

（二）协会货物保险主要险别的承保风险与除外责任

1. ICC（A）

（1）ICC（A）承保风险

根据伦敦保险协会对新条款的规定，对 ICC（A）是采用“一切风险减除外责任”的办法。即除了“除外责任”项下所列风险保险人不予负责外，其他风险均予负责。

（2）ICC（A）的除外责任

①一般除外责任。被保险人故意不法行为造成的损失或费用；自然渗漏、自然损耗、自然磨损、包装不足或不当所造成的损失或费用；保险标的物内在缺陷或特性所造成的损失或费用；直接由延迟所引起的损失或费用；由于船舶所有人、租船人经营破产或不履行债务所造成的损失或费用；由于使用任何原子或核武器所造成的损失或费用。

②不适航、不适货除外责任。所谓不适航、不适货除外责任是指保险标的在装船时，如被保险人或其受雇人已经知道船舶不适航以及船舶、装运工具、集装箱等不适货，保险人不负赔偿责任。

③战争除外责任。战争、内战、敌对行为等造成的损失或费用；捕获、拘留、扣留等（海盗除外）所造成的损失或费用；遗弃的水雷、鱼雷等造成的损失或费用。

④罢工除外责任。罢工者、被迫停工工人造成的损失或费用以及由于罢工、被迫停工所造成的损失或费用等。

2. ICC（B）

（1）ICC（B）承保风险

根据伦敦保险协会对（B）和（C）条款的规定，其承保风险的做法是采用“列明风险”的方法，即在条款的首部开宗明义地把保险人所承保的风险一一列出。因此，ICC（B）承保的是合理归因于下列原因之一的灭失或损失：

①火灾、爆炸。

②船舶或驳船触礁、搁浅、沉没或倾覆。

③陆上运输工具的倾覆或出轨。

④船舶、驳船或运输工具同水以外的外界物体碰撞。

⑤在避难港卸货。

⑥共同海损牺牲、抛货。

⑦浪击落海。

⑧海水、湖水或河水进入船舶、驳船、运输工具、集装箱、大型海运箱或储存处所。

⑨地震、火山爆发、雷电。

⑩货物在装卸时落海造成整件的全损。

（2）ICC（B）的除外责任

ICC（B）的除外责任与ICC（A）的除外责任基本相同，但有下列两点区别：

① ICC（A）只对被保险人的故意不法行为所造成的损失、费用不负赔偿责任，对于被保险人之外的任何个人或数人故意损害和破坏标的物或其他任何部分造成的损失要负赔偿责任。但在ICC（B）下，保险人对此也不负赔偿责任。

② ICC（A）将海盗行为列入保险范围，而ICC（B）对海盗行为不负保险责任。

3. ICC（C）

（1）ICC（C）承保风险

ICC（C）承保的风险范围比ICC（A）、（B）要小得多。它只承保“重大意外事故”，而不承保“自然灾害及非重大意外事故。具体归因于下列因素的损失：

①火灾、爆炸。

②船舶或驳船触礁、搁浅、沉没或倾覆。

③陆上运输工具倾覆或出轨。

④船舶、驳船或运输工具同除水以外的任何外界物体碰撞。

⑤在避难港卸货。

⑥共同海损牺牲。

⑦抛货。

（2）除外责任

ICC（C）除外责任与ICC（B）险完全相同。

4. 战争险

（1）承保范围

①直接由于战争、内战、革命、造反、叛乱，或由此引起的内乱，或任何交战方之间的敌对行为所造成的运输货物的损失。

②由于上述原因所引起的捕获、扣押、扣留、拘禁或羁押等所造成的运输货物的损失。

③各种常规武器所造成的运输货物的损失。

（2）除外责任

与ICC（A）除外责任相同之外，还包括：

①基于航程或航海上的损失或受阻的任何索赔不负责赔偿。

②由于敌对行为使用原子或热核制造的武器所造成的损失不负责赔偿。

5. 罢工险

（1）承保范围

①由于罢工工人、被迫停工工人，或参与工潮、暴动或民变的人员所造成的损失或损害。

②罢工、被迫停工、工潮、暴动或民变造成的损失和费用。

③由于恐怖分子或出于政治动机而行为的人工所造成的损失或损害。

（2）除外责任

与 ICC（A）的一般除外责任相同，还包括：

①因罢工、关厂、工潮、暴动或民变造成的各种劳力流失、短缺或抵制引起的损失、损害或费用不负责赔偿。

②基于航程或航海上的损失或受理的任何索赔不负责赔偿。

③由于战争、内战、革命、造反、叛乱，或由此引起的内乱或交战方之间的敌对行为造成的损失、损害或费用不负责赔偿。

6. 恶意损害险

若要对恶意损害造成的损失取得保障，可以投保 ICC（A），或在投保 ICC（B）或 ICC（C）时加保恶意损害险。

（三）协会货物保险主要险别的保险期限

ICC（A）、（B）、（C）条款的保险期限与前述我国海运货物保险期限的规定大体相同，也是“仓至仓”，但比我国条款规定更为详细。

在我国进出口业务中，特别是以 CIF 条件出口时，有些国外商人如要求我出口公司按伦敦保险协会货物条款投保，我出口企业和中国人民保险公司也可通融接受。

五、买卖合同中的保险条款

（1）以 F 组、E 组和 C 组中的 CFR 和 CPT 等术语成交的合同，保险条款可订为：“保险由买方自理”（Insurance：To be covered by the buyer）。

例如，签订出口合同时，如按 FOB 或 CFR 条件成交，保险条款可规定为“保险由买方自理”（Insurance to be effected by the Buyers）。如果对方委托我方代办，可以订为：“由买方委托卖方按发票金额的×%代为投保××险，保险费由买方负担。”（Insurance to be effected by the Sellers on behalf of the Buyers for ×% of invoice value against ×× Risk, premium to be for Buyers account.）

（2）以 D 组术语成交的合同，保险条款可订为：“保险由卖方自理”（Insurance：To be covered by the seller）。

（3）以 CIF 或 CIP 术语成交的合同，若在海洋运输下，其保险条款可订立为：“保险由卖方按发票金额的×%投保××险、××险，以中国人民保险公司××××年×月×日的有关海洋运输货物保险条款为准”。

例如，签订出口合同时，如果按 CIF 条件成交，规定按中保财产保险有限公司的保险条款办理，除将双方约定的险别、保险金额等项内容在合同中予以列明外，还应订明按某年某月某日中国人民保险有限公司海运货物保险条款承保。例如，“由卖方按发票金额×%投保×××险，按某年某月某日中保财产保险有限公司海运货物保险条款办理”。(Insurance to be effected by the Sellers for ×% of invoice value against ××× as per Ocean Marine Cargo Clauses of The People's Insurance Company of China dated ×/×/×)

1.2 任务清单

任务内容	任务要求
区分各类海上风险、损失	能够根据不同海上风险，正确划分损失类别
梳理中国保险条款各险别的承保范围	能够正确写出中国保险条款的保险险别和承保内容
中国保险条款拟定	能够使用英文正确书写平安险、水渍险、一切险及各类附加险的保险条款
梳理协会货物条款各险别的承保范围	能够正确写出协会货物条款的保险险别和承保内容
协会货物条款拟定	能够使用英文正确书写 ICC（A）、ICC（B）、ICC（C）及各类附加险的保险条款

1.3 任务描述

天津华升进出口贸易有限公司 TIANJIN HUASHENG IMPORT AND EXPORT CO., LTD. 地址：NO. 2 YOUYI ROAD, HEXI DISTRICT, TIANJIN, CHINA，向德国汉堡安联进出口贸易有限公司 ALLIANZ IMPORT AND EXPORT CO., LTD. 地址：REICHPIETSCHUFER50, D-10785BERLIN, HAMBURG, GERMANY 出口链条 CHAIN ，货号为 304# STAIN STEEL ITEM No. TJSW001，数量 50000 PCS，包装方式为 50 PCS/CARTON，每箱毛重 22kgs，每箱净重 21.5kgs，总数量 1000CARTONS，用一个 20 尺集装箱装运出口。合同号为 DEG-2022-20，合同签订日期为 2022 年 1 月 30 日。报价为 CIF HUMBURG USD5.11/PC。装运期为 2022 年 5 月 15 日前。付款方式为信用证。海运出口从天津港到汉堡港。请你以天津华升进出口贸易有限公司业务员李明的身份，完成各类保险条款及险别拟定任务。

1.4 任务实施

任务分组

班级		组号		指导教师	
组长		学号			
组员		学号			

步骤一：用英文拟定各保险条款项下的保险险别条款。

步骤二：根据所给案例，正确分析各类损失属于哪一类损失。

步骤三：梳理各保险条款的承保范围。

步骤四：检查任务工单填写的各项内容。

任务工单

保险条款	保险险别	英文条款书写
中国保险条款	平安险+偷窃、提货不着险	
	水渍险+淡水雨淋险	
	一切险+战争险+罢工险	
协会货物条款	ICC（A）	
	ICC（B）+恶意损害险	
	ICC（C）+恶意损害险	

案例分析：

中国对外出口一批服装，海运途中发生火灾，船长下令灌水灭火，火虽被扑灭，但有部分服装被烧毁，还有部分服装由于灭火而受到水渍。主机被烧毁，需要额外支出维修费，修好后继续航行。在此次事件中，服装的损失和主机的损坏分别属于哪类损失？理由是什么？

保险险别	承保范围
平安险	
水渍险	
一切险	
ICC（A）	
ICC（B）	
ICC（C）	

1.5 任务评价

任务内容		评价指标	分值	得分
保险条款拟定	1	用英文书写平安险+偷窃、提货不着险条款是否正确	10	
	2	用英文书写水渍险+淡水雨淋险条款是否正确	10	
	3	用英文书写一切险+战争险+罢工险条款是否正确	10	
	4	用英文书写 ICC（A）条款是否正确	10	
	5	用英文书写 ICC（B）+恶意损害险条款是否正确	10	
	6	用英文书写 ICC（C）+恶意损害险条款是否正确	10	
	7	案例分析准确度	10	
	8	保险险别承保范围是否正确	30	
总计			100	

1.6 技能巩固

天津家具进出口有限公司 TIANJIN FURNITURE IMPORT AND EXPORT CO., LTD. 地址：NO. 1 NANJING ROAD, YANTA DISTRICT, TIANJIN, CHINA 出口厨具 Kitchen14 套到英国伦敦纽琳贸易公司 NEWLIN TRADE CO., LTD. 地址：DORSODURO 3246, LONDON, ENGLAND，合同号是 DSN-2021-01，合同签订日期是 2022 年 1 月 15 日，毛重 7619. 064kgs，净重 7266. 264kgs，报价为 2350EURO/set CIF LONDON，in one 40′High Container，装运期为 2022 年 4 月 31 日前。付款方式为电汇。投保平安险、战争险和罢工险。请你以天津家具进出口有限公司业务员的身份，拟定合同中的保险条款。

1.7 知识拓展

其他运输方式的货运保险

现将中国人民保险公司对其他各种运输方式的货运保险分别介绍如下。

一、陆上运输货物保险

陆上运输货物保险的险别分为陆运险和陆运一切险两种。

（一）陆运险（Overland Transportation Risks）

陆运险的责任范围包括被保险货物在运输途中遭受暴风、雷电、洪水、地震等自然灾害或由于运输遭受碰撞、倾覆、出轨或在驳运过程中因驳运工具遭受搁浅、触礁、沉没、碰撞，或由于遭受隧道坍塌、崖崩或失火、爆炸等意外事故所造成的全部或部分损失。由此可见，陆运险的承保责任范围与海洋运输货物保险条款中的水渍险相似。

（二）陆运一切险（Overland Transportation All Risks）

陆运一切险的承保范围除上述陆运险的责任范围外，还包括运输途中，由外来原因造成的短少、短量、偷窃、渗漏、碰损、破碎、钩损、雨淋、生锈、受潮、受热、发霉、串味、沾污等全部或部分损失，这与海洋运输货物保险条款中的一切险相似。

以上陆运险和陆运一切险的责任范围均适用于火车和汽车运输。

（三）陆上货物运输保险的除外责任

(1) 被保险人的故意行为或过失所造成的损失。

(2) 属于发货人所负责任或被保险货物的自然消耗所引起的损失。

(3) 由于战争、工人罢工或运输延迟所造成的损失。

（四）陆上货物运输保险责任起讫期限

陆上货运保险也采用“仓至仓”原则，与海洋运输货物保险的“仓至仓”条款基本相同。如果没运抵保险单所载明的收货人的仓库或储存处所，则以到达最后卸载车站后60天为限。如在中途转车，不论货物在当地卸车与否，保险责任从火车到达中途站的当日午夜起满10天为止。如果被保险货物在10天内重新装车续运，则保险责任继续生效。

二、航空运输货物保险

中国人民保险公司于1981年1月1日修订的《航空运输货物保险条款》规定：航空运输货物保险分为航空运输险和航空运输一切险两种基本险别。

（一）航空运输险（Air Transportation Risks）的责任范围

航空运输险的承保责任范围与海洋货物运输保险条款中的水渍险相似，包括被保险货物在运输中遭受雷电、火灾、爆炸或由于飞机遭受恶劣气候或其他危难事故而被抛弃，或由于飞机遭受碰撞、倾覆、坠落或失踪等自然灾害和意外事故所造成的全部或部分损失。

（二）航空运输一切险（Air Transportation All Risks）的责任范围

航空运输一切险的承保责任范围与海洋运输保险条款中的一切险相似，除包括航空运输险的各项责任外，还包括被保险货物由于一般外来原因所造成的全部或部分损失。

（三）航空货物运输保险的除外责任

航空运输险和航空运输一切险的除外责任与海洋货物运输保险条款中基本险的除外责任基本相同。

（四）航空货物运输保险责任起讫期限

航空货物运输保险责任起讫期限也采用“仓至仓”原则。所不同的是，如果货物运达保险单所载明的目的地而未运抵保险单所载明的收货人仓库或储存处所，则被保险货物在最后卸载地卸离飞机后满30天，保险责任即告终止。如在上述30天内，被保险货物需转送到非保险单所载明的目的地时，保险责任从该项货物开始转运时终止。

三、邮运包裹保险

(一) 邮包运输风险与损失

寄件人为了转嫁邮包在运送当中的风险损失，须办理邮包运输保险，以便在发生损失时能从保险公司得到承保范围内的经济补偿。

(二) 邮包运输保险的险别

根据中国人民保险公司制定的“邮政包裹保险条款”的规定，邮包运输险包括邮包险(Parcel Post Risks)和邮包一切险(Parcel Post All Risks)两种基本险，其责任自被保险邮包离开保险单所载起运地点寄件人的处所运往邮局时开始生效，直至被保险邮包运达保险单所载明的目的地邮局发出通知书给收件人当日午夜起算为止。但在此期限内，邮包一经递交到收件人处所时，保险责任即告终止。

在投保邮包运输基本险之一的基础上，经投保人与保险公司协商，可以加保邮包战争险等附加险。邮包战争险承保责任是自被保险邮包经邮政机构收讫后自储存处所开始运送时生效，直至该邮包运达保险单所载明的目的地邮政机构送交收件人为止。

任务2 保险费核算及保险单据

2.1 任务知识

一、保险金额的确定及保费的计算

（一）保险金额的确定

保险金额是被保险人向保险公司申报的被保险货物的价额，是保险公司承担保险责任的标准，也是在被保险货物发生保险范围内损失时，保险公司赔偿的最高限额，还是保险公司计收保险费的基础。保险金额的计算公式为：

$$保险金额=CIF（CIP）货价\times(1+投保加成率)$$

（二）保险金额的计算

$$保险金额=CIF货价\times(1+投保加成率)$$

$$保险费=保险金额\times保险费率$$

在进口时，采用FOB、CFR价格术语，买方投保时要把FOB、CFR价格换算成CIF价格。贸易术语间价格换算如下：

1. 已知CIF价，求CFR价

$$CFR=CIF\times[1-保险费率\times(1+投保加成率)]$$

2. 已知CFR价，求CIF价

$$CIF=\frac{CFR}{1-保险费率\times(1+投保加成率)}$$

二、保险单据

（一）保险单（Insurance Policy）

俗称“大保单”，是正规的保险合同保险单的格式。其正面内容一般包括：被保险人名称和地址、保险标的、运输标识、运输工具、起讫地点、承保险别、保险币种和金额、出单日期等项目。目前，我国国内的保险公司大都以出具保险单作为出口保险凭证。

（二）保险凭证（Insurance Certificate）

俗称“小保单”，是简化的保险合同。保险凭证，除在背面印有详细条款外，正面内容与保险单相同，与保险单具有同等法律效力。目前各国在信用证上的保险条款中，一般都规定了保险单与保险凭证均可接受的条款，但信用证明确规定提交单据为保险单时，议付行不接受以保险凭证代替保险单凭以议付。

（三）批单（Endorsement）

批单是指投保人需补充或更改保险单内容时出具的一种凭证。批单必须粘贴在原保险单上，并加盖骑缝章。

（四）预约保险单（Open Policy）

指保险公司与被保险人双方签订的预约保险合同。它规定了总的保险范围、保险期限、保险种类、总保险限额、航程区域、运输工具、保险条件、保险费率和保险结算办法等。在这个范围内的被保险货物，一经起运保险公司即自动承保。被保险人在获悉每批货物装运时，应及时将装运通知书（包括货物的名称、数量、保险金额、船名、运输工具、起讫地点、起运日期）送交保险公司，并按约定办法缴纳保险费，即完成了投保手续。在实际业务中，预约保险单适用于进口的货物保险，这可以防止因漏保或迟保而造成的无法弥补的损失。

三、保险索赔

保险索赔（Claim），也称提赔，是指当被保险货物遭受承保责任范围内的损失时，被保险人依据保险合同向保险人要求赔偿的行为。

（一）保险索赔的程序

1. 损失通知

货物遭受损失后，被保险人应立即通知保险公司，并申请检验。检验报告是被保险人向保险公司申请索赔时的重要证件。

2. 向有关方面提出索赔

被保险人在提货时发现被保险货物整件短少或有明显残损痕迹时，除向保险公司报损外，还应立即向承运人或有关当局（海关、港务当局等）索取货损货差证明。

3. 采取合理的施救、整理措施

保险货物受损后，作为货方的被保险人应该对受损货物才粗所示，防止损失扩大。特别是对受损货物，被保险人仍须协助保险人进行转售、维修和改变用途等工作。因为相对于保险人而言，被保险人对于货物的性能、用途更加熟悉。因此，原则上残损货物应由货方处理。

4. 备妥索赔单证

备妥索赔单证包括检验报告、保险单、运输单据、发票、装箱单等。

5. 代位追偿

在保险业务中，为了防止被保险人双重获益，保险人在履行全损赔偿或部分损失赔偿后，在其赔付金额内，要求被保险人转让其对造成损失的第三者责任方要求全部赔偿或相应部分赔偿的权利。

（二）保险索赔的条件

被保险人进行索赔应具备3个条件：

（1）被保险人要求赔偿的损失，必须是承保责任范围内风险造成的损失。

（2）被保险人是保险单的合法持有人。

（3）被保险人必须拥有可保利益。

（三）索赔应注意的问题

（1）海运货物运输保险一般是定值保险，当货物发生全损时，应赔偿全部保险金额。如为部分损失，则须合理确定赔偿比例。但是，对于易碎和易短量货物的赔偿，保险业有两种规定：一种是当货物发生破碎和短量时，保险人可以免赔一定的百分比，即通常所说的免赔率。免赔率有绝对免赔率和相对免赔率之分。绝对免赔率（Deductible）指保险人只赔偿超过免赔率的部分，对免赔率以内的损失绝对不赔。相对免赔率（Franchise）指保险人对免赔率以内的损失不赔，如损失超过免赔率时，则对全部损失都赔。另一种是不论损失程度（Irrespective of Percentage，IOP），保险公司都对破碎和短量货物进行赔偿。

（2）当被保险货物遭受严重损失，被保险人要求按推定全损赔偿时，必须将货物及其一切权利委付（Abandonment）给保险人。保险人一经接受委付就只能按推定全损赔偿，并取得处理残余货物的权利。如果被保险人不提出委付通知，则被认为被保险人要保留残余货物的权益，保险人只给予部分损失的赔偿。被保险人向保险人发出委付通知，保险人可以接受，也可不接受。

四、保险单据样本

中保财产保险有限公司

The People's Insurance（Property）Company of China，Ltd

发票号码 保险单号

Invoice No. Policy No.

海 洋 货 物 运 输 保 险 单

MARINE CARGO TRANSPORTATION INSURANCE POLICY

被保险人：

Insured：

中保财产保险有限公司（以下简称本公司）根据被保险人的要求及其所缴付的约定保险费，按照本保险单承担险别和背面所载条款与下列特别条款承保下列货物运输保险，特签发本保险单。

This policy of Insurance witnesses that the People's Insurance (Property) Company of China, Ltd. (hereinafter called "The Company"), at the request of the Insured and in consideration of the agreed premium paid by the Insured, undertakes to insure the undermentioned goods in transportation subject to conditions of the Policy as per the Clauses printed overleaf and other special clauses attached hereon.

保险货物项目 Descriptions of Goods	包装 单位 数量 Packing Unit Quantity	保险金额 Amount Insured

承保险别 Conditions	货物标记 Marks of Goods

总保险金额： Total Amount Insured：	

保费 Premium		装载运输工具 Per conveyance S. S		开航日期 Slg. on or abt	

起运港 Form		目的港 To	

所保货物，如发生本保险单项下可能引起索赔的损失或损坏，应立即通知本公司下述代理人查勘。如有索赔，应向本公司提交保险单正本（本保险单共有　　份正本）及有关文件。如一份正本已用于索赔，其余正本则自动失效。

In the event of loss or damage which may result in acclaim under this Policy, immediate notice must be given to the Company's Agent as mentioned here under. Claims, if any, one of the Original Policy which has been issued in original (s) together with the relevant documents shall be surrendered to the Company. If one of the Original Policy has been accomplished, the others to be void.

赔款偿付地点 Claim Payable at	

日期 Date		在 at	

地址 Address	

2.2 任务清单

任务内容	任务要求
海运保险费及保险金额的计算	能够正确计算海运保险费和保险金额
海运保险单填写	能够正确填写海运保险单

2.3 任务描述

天津华升进出口贸易有限公司 TIANJIN HUASHENG IMPORT AND EXPORT CO., LTD. 地址：NO. 2 YOUYI ROAD, HEXI DISTRICT, TIANJIN, CHINA，向德国汉堡安联进出口贸易有限公司 Allianz IMPORT AND EXPORT CO., LTD. 地址：REICHPIETSCHUFER50, D-10785BERLIN, HAMBURG, GERMANY 出口链条 CHAIN，货号为 304# STAIN STEEL ITEM No. TJSW001，数量为 50000PCS，包装方式为 50 PCS/CARTON，每箱毛重 22kgs，每箱净重 21.5kgs，总数量 1000CARTONS，用一个 20 尺集装箱装运出口。合同号为 DEG-2022-20，合同签订日期为 2022 年 1 月 30 日。报价为 CIF HAMBURG USD5.11/PC，保险费率为 2%。装运期为 2022 年 5 月 15 日前。付款方式为信用证。海运出口从天津港到汉堡港。请你以天津华升进出口贸易有限公司业务员李明的身份，计算保险费并填写保单。

2.4 任务实施

任务分组

班级		组号		指导教师	
组长			学号		
组员			学号		

步骤一：根据 CIF 术语报价，正确计算保险金额和保险费。

步骤二：根据所给条件，正确填写保险单。

步骤三：检查保险费计算及保单各项填写是否正确。

任务工单

保险费计算： 天津华升进出口贸易有限公司 TIANJIN HUASHENG IMPORT AND EXPORT CO., LTD. 向德国汉堡安联进出口贸易有限公司 ALLIANZ IMPORT AND EXPORT CO., LTD 出口链条 CHAIN，数量为 50000PCS，包装方式为 50 PCS/CARTON，每箱毛重 22kgs，每箱 50 个，总数量 1000CARTONS，总体积 20 立方米。合同号为 DEG-2022-20，合同签订日期为 2022 年 1 月 30 日。发票号为 INV398780。保险单号为 8764958757859。保单份数两份。投保一切险、战争险和罢工险。报价为 CIF HAMBURG USD5.11/PC，保险费率为 2%。装运期是 2022 年 5 月 5 日。付款方式为信用证。船名航次为 SHENGLI V1001 航次。海运出口从天津港到汉堡港。唛头为标准化唛头。请你以天津华升进出口贸易有限公司业务员李明的身份，计算保险金额及保险费并填写保险单。
核算过程：

中保财产保险有限公司

The People's Insurance（Property）Company of China，Ltd

发票号码 保险单号

Invoice No. Policy No.

海 洋 货 物 运 输 保 险 单

MARINE CARGO TRANSPORTATIONINSURANCE POLICY

被保险人：

Insured：

中保财产保险有限公司（以下简称本公司）根据被保险人的要求及其所缴付的约定保险费，按照本保险单承担险别和背面所载条款与下列特别条款承保下列货物运输保险，特签发本保险单。

This policy of Insurance witnesses that the People's Insurance（Property）Company of China，Ltd.（hereinafter called "The Company"），at the request of the Insured and in consideration of the agreed premium paid by the Insured，undertakes to insure the undermentioned goods in transportation subject to conditions of the Policy as per the Clauses printed overleaf and other special clauses attached hereon.

保险货物项目 Descriptions of Goods	包装 Packing	单位 Unit	数量 Quantity	保险金额 Amount Insured

承保险别 货物标记

Conditions Marks of Goods

总保险金额：

Total Amount Insured：________________________

保费 装载运输工具 开航日期

Premium__________ Per conveyance S. S__________ Slg. on or abt__________

起运港 目的港

Form________________ To________________

所保货物，如发生本保险单项下可能引起索赔的损失或损坏，应立即通知本公司下述代理人查勘。如有索赔，应向本公司提交保险单正本（本保险单共有　份正本）及有关文件。如一份正本已用于索赔，其余正本则自动失效。

In the event of loss or damage which may result in acclaim under this Policy，immediate notice must be given to the Company's Agent as mentioned here under. Claims，if any，one of the Original Policy which has been issued in original（s）together with the relevant documents shall be surrendered to the Company. If one of the Original Policy has been accomplished，the others to be void.

赔款偿付地点

Claim payable at

日期 在

Date________________ at________________

地址：

Address：________________________________

2.5 任务评价

任务内容	评价指标		分值	得分
保险费核算及保险单据	1	保险费及保险金额计算是否正确	50	
	2	保险单填写是否正确	50	
总计			100	

2.6 技能巩固

天津家具进出口有限公司 TIANJIN FURNITURE IMPORT AND EXPORT CO., LTD. 地址：NO. 1 NANJING ROAD, YANTA DISTRICT, TIANJIN, CHINA 出口厨具 Kitchen14 套到英国伦敦纽琳贸易公司 NEWLIN TRADE CO., LTD. 地址：DORSODURO 3246, LONDON, ENGLAND，合同号是 DSN－2021－01，合同签订日期是 2022 年 1 月 15 日，保险单号：998777657。发票号是 INV877387。毛重 7619.064kgs，净重 7266.264kgs，报价为 2350EURO/set CIF LONDON, in one 40′High Container，装运期为 2022 年 4 月 30 日。船名航次为 DONGFENG V1002 航次。付款方式为电汇。投保平安险、战争险和罢工险。保险费率为 2%。请你以天津家具进出口有限公司业务员的身份，核算保险费并填写保险单据。

2.7 知识拓展

投保险别的选择

在办理投保业务时，选择什么险别投保，选择的投保依据是什么，应该掌握什么原则，是国际货物运输保险实务要解决的重要问题。

1. 考虑货物的性质和特点

不同种类的货物在相同的风险之下，遭受的损失程度往往是不同的。如茶叶、烟草等商品容易吸潮霉烂，那就应该在基本险的基础上加保受潮受热险。

2. 考虑货物的包装

包装也是选择投保险别时要注意的问题，如一些容易破损的包装，对货物致损的影响很大，保险公司对由于包装不良或由于包装不适合国际货物运输的一般要求而使货物受损的情况不负责任。

3. 考虑运输路线和船舶停靠港口

根据运输工具的不同选择相应的险别，如采用空运的货物，应选择投保航空运输货物保险的有关险别。此外，根据不同的运输路线，自动选择合适的险别，如途经海盗经常出没的水域或战争热点地区，应考虑货物遭受意外袭击的因素。

项目七

合同拟定

项目描述

天津华升进出口贸易有限公司于2022年1月30日与德国汉堡安联贸易有限公司签订出口50000个链条的合同。纸箱包装，每个纸箱装50个，共1000个纸箱，恰好可以用一个20尺集装箱装运出口。公司对外报价为每个链条5美元FOB TIANJIN。装运期为2022年5月15日前。付款方式为即期信用证。海运出口从天津港到汉堡港。请你以天津华升进出口贸易有限公司业务员李明的身份，拟定一份销售合同。

学习目标

知识目标：

1. 了解合同的构成及内容。
2. 掌握合同各条款的英文书写方式。

能力目标：

1. 能够正确拟定合同中的品名、品质、数量、包装、价格、支付、运输、保险条款。
2. 能够正确拟定合同中的其他标准条款。

人生目标：

作为外贸人，我们要时刻坚守契约精神，为了国家利益、集体利益，在合同拟定过程中，要把握原则、坚守底线，不能做有损于国家和集体利益的事情，时刻以高标准、严要求来规范自己的行为。

任务1　出口合同拟定

1.1 任务知识

一、合同概述

1. 合同的含义

出口贸易买卖合同是营业地处于不同国家的当事人自愿按照一定条件买卖某种货物而达成的协议。

2. 合同的分类

根据草拟人的不同，可分为售货合同（Sales Contract）和购货合同（Purchase Contract）。

3. 合同的形式

订立合同时可采用书面形式（合同书、信件和数据电报、电传、传真、电子数据交换和电子邮件等）、口头形式或行为形式。

4. 合同的内容

合同一般由三部分构成，约首、正文和约尾。

约首包括开头和序言、合同名称、编号、当事人的名称、地址和联系方式等。正文包括进出口双方权利和义务的各项条款。约尾包括合同份数、使用文字、合同效力、缔约日期、签章等。

二、商品检验及索赔条款

（一）商品检验条款

1. 商品检验的含义

商品检验是指由法律或合同指定的机构对进出口商品的质量、数量、重量、包装等进行检验并出具相关证书的工作。

商品检验条款

2. 商品检验的种类

通常商品检验分为法定检验和非法定检验两大类。

法定检验是指国家法律法规中规定的对涉及社会公共利益的进出口商品实施的强制检

验。我国规定的法定检验商品通常海关总署发布的必须实施检验的进出口商品目录中列出。

非法定检验则是依照买卖合同规定实施的商品检验。

(二)异议与索赔条款

该条款中除规定一方违反合同，另一方有权索赔外，还包括索赔依据、索赔期限、处理索赔的办法和索赔金额等内容。

1. 索赔依据

主要规定索赔时应具备的证据和出证机构。

2. 索赔期限

索赔期限是指索赔方向违约方提出索赔的有效时限，逾期提赔，违约方可不予受理。

3. 处理索赔的方法和索赔金额

除个别情况外，通常是在合同中做较为笼统的规定。

4. 商品检验及索赔条款示例

The two parties agree that the enspecition on quality & quantity/weight will be based on Inspection Certificate issued by The State Adminsistration For Entry-Exit Inspection And Quarantine Of The People's Republic Of China (SAIQ) or the Manufacturers with their standards. In case of a quality discrepancy, The Buyer shall, within 30 days after arrival of the goods at the port of destination, lodege against The Seller a claim. In case of a quantity/weight discrepancy, The Buyer shall, within 15 days after arrival of the goods at the port of destination, lodge against The seller a claim. The claim should be supported by Inspection Certificate issued by a public surveyor approved by The Seller. It is understood that The Seller shall not be liable for any discrepancy of the goods shipped due to natural causes, or causes falling within the responsibilities of the insurance company, shipping company, other transportation organization or post office.

双方同意，货物的质量及数量或重量以国家出入境检验检疫局或生产者验证为准。如果卖方对所运货物质量有异议时，可以在货到目的港后30天内向卖方提出索赔。如果买方对所运货物数量或重量有异议时，可以在货到目的港后15天内向卖方提出索赔。买方向卖方索赔时，应提供卖方同意的检验机构出具的检验报告。卖方对于由于自然原因或属于保险公司、船公司、其他运输机构或邮局责任造成的损失，不承担任何责任。

二、不可抗力条款

不可抗力（Force Majeure）是指在货物买卖合同签订以后，不是由于任何一方当事人的过失或疏忽，而是由于发生了当事人所不能预见，也无法事先采取预防措施的意外事故。这些意外事故会导致合同不能履行或不能如期履行。

1. 不可抗力的范围及认定

不可抗力的范围较广，通常可分为两种情况：一是由“自然力量”引起的，如水灾、火灾、暴风、大雪、暴风雨、地震等；二是由“社会力量”引起的，如战争、罢工、政府禁令等。

一般认为不可抗力事件必须符合下列条件：

（1）事件发生在合同签订后。

（2）不是由于当事人的故意或过失所造成的。

（3）事件的发生及其造成的后果是当事人所无法预见、控制、避免或克服的。

2. 不可抗力条款示例

不可抗拒

The sellers shall not hold any responsibility for partial or total non-performance of this contract due to Force Majeure. But the sellers advise the buyers on time of such occurrence.

如因人力不可抗拒的原因造成本合同全部或部分不能履约，卖方概不负责，但卖方应将上述发生的情况及时通知买方。

三、仲裁条款

1. 仲裁相关概念

仲裁是指买卖双方在争议发生之前或发生之后，签订书面协议，自愿将有关争议提交双方所同意的仲裁机构进行裁决的解决争议的一种方式。

仲裁具有以下特点：

（1）仲裁以双方当事人自愿为原则，双方须达成仲裁协议。

（2）双方当事人均有在仲裁机构挑选仲裁员的权力。

（3）仲裁裁决是终局性的，可以在另一个国家生效或执行。

（4）仲裁程序简便，费用较低，处理迅速，有利于双方今后交易的开展。

国际贸易中的仲裁机构可由双方当事人在仲裁协议中规定。可以选用常设的仲裁机构，也可由双方当事人共同指定仲裁员组成临时仲裁庭。

世界上比较重要的仲裁机构有瑞典斯德哥尔摩仲裁院、瑞士苏黎世商会仲裁院、英国伦敦国际仲裁院、美国仲裁协会、日本国际商事仲裁协会、香港国际仲裁中心以及设在巴黎的国际商会仲裁院等。

我国常设的涉外商事仲裁机构是中国国际经济贸易仲裁委员会，隶属于中国国际贸易促进委员会。该委员会设在北京，在深圳和上海分别设有分会，它受理争议的范围为产生于国际或涉外的契约性或非契约性的经济贸易争议。

仲裁裁决的效力主要是指仲裁庭做出的裁决对双方当事人是否具有约束力，是否为终局性的，能否向法院起诉要求变更裁决。

一般应在仲裁条款中规定：仲裁裁决是终局性的，对双方都有约束力。

2. 仲裁条款示例

All disputes in connection with the contract or the execution thereof shall be friendly negotiation. If no settlement can be reached, the case in dispute shall then be submitted for arbitration to the Foreign Economic and Trade Arbitration Commission of the China Council for the Promotion of International Trade in accordance with the Provisional Rules of Procedure of the Foreign Economic and Trade Arbitration Commission of the China Council for the Promotion of International Trade. The Award made by the Commission shall be accepted as final and binding upon both parties. The fees for arbitration shall be borne by the losing party unless otherwise awarded by the Commission.

一切因执行本合同或与本合同有关的争执，应由双方通过友好方式协商解决。如经协商不能得到解决时，应提交中国国际贸易促进委员会对外经济贸易仲裁委员会。按照中国国际贸易促进委员会对外经济贸易仲裁委员会仲裁程序暂行规定进行仲裁。仲裁委员会的仲裁为终局裁决，对双方具有约束力。除仲裁委员会另有规定外，仲裁费用由败诉一方负担。

仲裁协议

1.2 任务清单

任务内容	任务要求
货物描述条款拟定	能够使用英文正确书写合同中的品名、品质、数量、包装等货描条款
价格条款拟定	能够使用英文正确书写合同中的单价和总额条款，并能够根据商品的种类及特性、出口数量及金额，恰当选择价格术语并进行相应计算
运输条款拟定	能够使用英文正确书写合同中的运输条款，包括海运、空运、中欧班列等各类运输条款
保险条款拟定	能够使用英文正确书写合同中的 CIC 或 ICC 保险条款
支付条款拟定	能够使用英文正确书写合同中的支付条款，包括电汇、托收、信用证等常用支付方式的英文表达
标准条款拟定	能够使用英文正确书写合同中的标准条款

1.3 任务描述

天津华升进出口贸易有限公司 TIANJIN HUASHENG IMPORT AND EXPORT CO., LTD. 地址：NO. 2 YOUYI ROAD, HEXI DISTRICT, TIANJIN, CHINA，向德国汉堡安联进出口贸易有限公司 Allianz IMPORT AND EXPORT CO., LTD. 地址：REICHPIETSCHUFER50, D-

10785BERLIN，HAMBURG，GERMANY 出口链条 CHAIN，货号为 304# STAIN STEEL ITEM No. TJSW001，数量为 50000PCS，包装方式为 50 PCS/CARTON，每箱毛重 22kgs，每箱净重 21.5kgs，总数量 1000CARTONS，用一个 20 尺集装箱装运出口。合同号为 DEG-2022-20，合同签订日期为 2022 年 1 月 30 日。报价为 FOB TIANJIN USD5.0/PC。装运期为 2022 年 5 月 15 日前。付款方式为信用证。海运出口从天津港到汉堡港。请你以天津华升进出口贸易有限公司业务员李明的身份，完成合同拟定任务。

1.4 任务实施

任务分组

<table>
<tr><td>班级</td><td></td><td>组号</td><td></td><td>指导教师</td><td></td></tr>
<tr><td>组长</td><td colspan="2"></td><td>学号</td><td colspan="2"></td></tr>
<tr><td rowspan="4">组员</td><td colspan="2"></td><td rowspan="4">学号</td><td colspan="2"></td></tr>
<tr><td colspan="2"></td><td colspan="2"></td></tr>
<tr><td colspan="2"></td><td colspan="2"></td></tr>
<tr><td colspan="2"></td><td colspan="2"></td></tr>
</table>

步骤一：填写合同中约首部分的内容，即买卖双方名称、地址、电话、合同号、合同日期、签约地点等。

步骤二：填写合同中正文部分内容，即商品的品名、品质、数量、包装、单价、总额、包装、运输、保险、支付等条款和标准条款。

步骤三：填写合同中约尾部分内容，即买卖双方签字、盖章等。

步骤四：组与组之间交叉互审合同中每个条款书写是否正确，错误之处应指出。

任务工单

销售合同

SALES CONTRACT

<table>
<tr><td>卖方
Seller</td><td>编号 NO.:
日期 DATE:
地点 SIGNED IN:</td></tr>
<tr><td colspan="2">买方
Buyer
买卖双方同意以下条款达成交易：
This contract is made by and agreed between the buyer and seller, in accordance with the terms and conditions stipulated below.</td></tr>
</table>

续表

1. 品名及规格 Commodity & Specification	2. 数量 Quantity	3. 单价及价格条款 Unit Price & Price Terms	4. 金额 Amount
Total:			

5. 总值 Total Value

6. 包装 Packing

7. 唛头 Shipping Marks

8. 装运期及运输方式 Time of Shipment & Means of Transportation

9. 装运港及目的地 Port of Loading & Destination

10. 付款方式 Terms of Payment

11. 保险 Insurance

12. 检验与索赔条款 Inspection and Claim

The two parties agree that the enspecition on quality & quantity/weight will be based on Inspection Certificate issued by The State Adminsistration For Entry-Exit Inspection And Quarantine Of The People's Republic Of China (SAIQ) or the Manufacturers with their standards. In case of a quality discrepancy, The Buyer shall, within 30 days after arrival of the goods at the port of destination, lodege against The Seller a claim. In case of a quantity/weight discrepancy, The Buyer shall, within 15 days after arrival of the goods at the port of destination, lodge against The seller a claim. The claim should be supported by Inspection Certificate issued by a public surveyor approved by The Seller. It is understood that The Seller shall not be liable for any discrepancy of the goods shipped due to natural causes, or causes falling within the responsibilities of the insurance company, shipping company, other transportation organization or post office.

13. 不可抗力条款 Force majeure

The sellers shall not hold any responsibility for partial or total non-performance of this contract due to Force Majeure. But the sellers advise the buyers on time of such occurrence.

14. 仲裁条款 Arbitration

All disputes in connection with the contract or the execution thereof shall be friendly negotiation. If no settlement can be reached, the case in dispute shall then be submitted for arbitration to the Foreign Economic and Trade Arbitration Commission of the China Council for the Promotion of International Trade in accordance with the Provisional Rules of Procedure of the Foreign Economic and Trade Arbitration Commission of the China Council for the Promotion of International Trade. The Award made by the Commission shall be accepted as final and binding upon both parties. The fees for arbitration shall be borne by the losing party unless otherwise awarded by the Commission.

15. 合同效力 Effectiveness of contract

This contract shall be written in English with two originals and one copy for each party. This contract shall come into effect immediately after being signed by the representatives of both parties.

The Seller　　　　The Buyer

1.5 任务评价

任务内容	评价指标		分值	得分
合同拟定	1	约首部分拟定是否正确	10	
	2	品名品质条款拟定是否正确	10	
	3	数量条款拟定是否正确	10	
	4	包装条款拟定是否正确	10	
	5	价格条款拟定是否正确	10	
	6	运输条款拟定是否正确	10	
	7	保险条款拟定是否正确	10	
	8	支付条款拟定是否正确	10	
	9	标准条款拟定是否正确	10	
	10	约尾部分拟定是否正确	10	
总计			100	

1.6 技能巩固

西安家具进出口有限公司 XI'AN FURNITURE IMPORT AND EXPORT CO., LTD. 地址：NO. 1 NANJING ROAD, YANTA DISTRICT, XI'AN, CHINA，向意大利米兰纽琳贸易公司 NEWLIN TRADE CO., LTD. 地址：DORSODURO 3246, MILAN, ITALY 出口厨具 Kitchen14 套，合同号是 DSN-2021-01，合同签订日期是 2022 年 1 月 15 日，毛重 7619.064kgs，净重7266.264kgs，报价为 2350EURO/set EXW 米兰，in one 40′High Container，铁路运输从西安到米兰，装运期为 2022 年 4 月 31 日前。付款方式为电汇。请你以西安家具进出口有限公司业务员的身份，拟定一份销售合同。

SALES CONTRACT

NEWLIN IMPORT AND EXPORT CO., LTD.

DORSOUDURO 3246, MILAN, ITALY

卖方 Seller	编号 NO.： 日期 DATE： 地点 SIGNED IN：
买卖双方同意以下条款达成交易： This contract is made by and agreed between the buyer and seller, in accordance with the terms and conditions stipulated below.	

续表

1. 品名及规格 Commodity & Specification	2. 数量 Quantity	3. 单价及价格条款 Unit Price & Trade Terms	4. 金额 Amount
Total:			

5. 总值 Total Value

6. 包装 Packing

7. 唛头 Shipping Marks

8. 装运期及运输方式 Time of Shipment & Means of Transportation

9. 装运港及目的地 Port of Loading & Destination

10. 付款方式 Terms of Payment

11. 保险 Insurance

12. 检验与索赔条款 Inspection and Claim

The two parties agree that the enspecition on quality & quantity/weight will be based on Inspection Certificate issued by The State Adminsistration For Entry–Exit Inspection And Quarantine Of The People's Republic Of China（SAIQ）or the Manufacturers with their standards. In case of a quality discrepancy, The Buyer shall, within 30 days after arrival of the goods at the port of destination, lodege against The Seller a claim. In case of a quantity/weight discrepancy, The Buyer shall, within 15 days after arrival of the goods at the port of destination, lodge against The seller a claim. The claim should be supported by Inspection Certificate issued by a public surveyor approved by The Seller. It is understood that The Seller shall not be liable for any discrepancy of the goods shipped due to natural causes, or causes falling within the responsibilities of the insurance company, shipping company, other transportation organization or post office.

13. 不可抗力条款 Force majeure

The sellers shall not hold any responsibility for partial or total non–performance of this contract due to Force Majcure. But the sellers advise the buyers on time of such occurrence.

14. 仲裁条款 Arbitration

All disputes in connection with the contract or the execution thereof shall be friendly negotiation. If no settlement can be reached, the case in dispute shall then be submitted for arbitration to the Foreign Economic and Trade Arbitration Commission of the China Council for the Promotion of International Trade in accordance with the Provisional Rules of Procedure of the Foreign Economic and Trade Arbitration Commission of the China Council for the Promotion of International Trade. The Award made by the Commission shall be accepted as final and binding upon both parties. The fees for arbitration shall be borne by the losing party unless otherwise awarded by the Commission.

15. 合同效力 Effectiveness of contract

This contract shall be written in English with two originals and one copy for each party. This contract shall come into effect immediately after being signed by the representatives of both parties.

The Seller　　　　The Buyer

1.7 知识拓展

国际货物买卖合同的成立

我国某公司应荷兰某商人请求，报出某初级产品200公吨，每公吨CIF鹿特丹人民币1950元，即期装运的实盘，对方接到我方报盘后，没有表示承诺，而再三请求我方增加数量，降低价格，并延长有效期，我方曾将数量增至300公吨，价格每公吨CIF鹿特丹减至人民币1900元，有效期两次延长，最后延至7月25日，荷商于7月22日来电接受该盘，但附加了包装条件为“需提供良好适合海洋运输的袋装”，我方在接到对方承诺电报时复电称:“由于世界市场的变化，货物在接到承诺电报前已售出。”但对方不同意这一说法，认为承诺在要约有效期内做出，因而是有效的，坚持要求我方按要约的条件履行合同。最终以我方承认合同已成立而告结束，从而使我方损失23万元。

与其他一般合同的成立一样，双方当事人的签约意志是国际货物买卖合同成立的实质要件。一项国际货物买卖合同的订立，是双方当事人经过要约、承诺，或反要约的反复磋商而最后达成的结果。

要约对受要约人没有拘束力，受要约人只有承诺的权利，没有承诺的义务。但要约对于要约人来说，则是具有拘束力的，要约人不得随意撤销要约。要约原则上可以撤回，但须附一定条件。要约邀请是容易与要约混淆的概念，要约邀请是指一方向另一方提出表示愿意交易的意向，邀请对方提出具体条件。在国际贸易实务中常使用的实盘概念是指确定的要约，对发盘人具有约束力，而虚盘则只是一种要约邀请，对发盘一方不具有约束力。

任务 2　进口合同拟定

2.1 任务知识

一、进口合同的含义及内容

1. 含义

进口合同是指中国境内的中方与中国境外的外方之间就我方接受进口货物并支付货款而达成的协议。在进口合同中，大多数是使用 FOB 价格条件成交，只有少数零星进口商品使用 CIF 条件，支付条件绝大多数是使用信用证方式。进口合同格式一般由我方备制，一式二份，经我方签章后，递交对方签回一份，留档备查。一般进口合同多使用“购货确认书”，数量较大或交易条件复杂的合同，则多使用正式的进口合同。

2. 内容

进口合同内容与出口合同内容大致相同。一般也是由三部分构成，约首、正文和约尾。

(1) 约首，包括开头和序言、合同名称、编号、当事人的名称、地址和联系方式等。

(2) 正文，包括进出口双方权利和义务的各项条款。

(3) 约尾，包括合同份数、合同效力、缔约日期、签章等。

2.2 任务清单

任务内容	任务要求
购货合同约首填写	正确书写购货合同约首，注意区分与销售合同约首的不同
货物描述条款拟定	能够使用英文正确书写合同中的品名、品质、数量、包装等货描条款
价格条款拟定	能够使用英文正确书写合同中的单价和总额条款
运输条款拟定	能够使用英文正确书写合同中的运输条款，包括海运、空运、中欧班列等各类运输条款
保险条款拟定	能够使用英文正确书写合同中的 CIC 或 ICC 保险条款
支付条款拟定	能够使用英文正确书写合同中的支付条款，包括电汇、托收、信用证等常用支付方式的英文表达

续表

任务内容	任务要求
标准条款拟定	能够使用英文正确书写合同中的标准条款
购货合同约尾填写	正确书写购货合同约尾，注意区分与销售合同约尾的不同

2.3 任务描述

外方出口公司与我方进口公司经过交易磋商最终达成一致，准备签订进口合同，双方接受函内容如下：

ASTAKFOOD, INC

5-18 ISUKI-CHOHAKI, TOKYO, JAPAN

TEL: +81-465-282828　FAX: +81-465-282829

MAY. 25, 2017

Dear Mr. Chang,

We have received your E-Mail of MAY. 24, 2017.

After the consideration, we have pleasure in confirming the following offer and accepting it:

1. Commodity: CANNED MUSHROOMS
2. Packing: EXPORTER CARTON
3. Specification: 24 TINS × 425 GRAMS
4. Quantity: 1700CARTONS/FCL
5. Price: USD7.80/CTN CFR C2% SHENZHEN PORT.
6. 5% more or less in quantity and value allowed.
7. Payment: The buyers shall issue an irrevocable L/C at 90 days sight through BANK in favour of the sellers prior to JUNE 6, 2017 indicating L/C shall be valid in CHINA though negotiation within 21 days after the shipment effected, the L/C must mention the Contract Number.
8. Shipment Time: within 20 days after receipt of irrevocable sight L/C.
   Transhipment not allowed, Partial shipment not allowed
   Shipment from TOKYO to SHENZHEN, CHINA
9. Insurance: to be covered by the buyer for 110% of the invoice value covering Institute Cargo Clauses (A) 1/1/82 additional Institute War and Strikes Clauses-Cargo 1/1/82 from TOKYO to SHENZHEN.

Please send us a contract and thank you for your cooperation.

Yours Sincerely,

ASTAK FOOD, INC

Tom Smith

1. 国外客户资料：

   ASTAK FOOD, INC

   5-18 ISUKI-CHOHAKI, TOKYO, JAPAN

   TEL：+81-465-282828　FAX：+81-465-282829

2. 我方进口公司资料：

   SHENZHEN OCDA FOOD CO., LTD.

   7/F, OCDA BLDG, KEYUAN RD., SHENZHEN, CHINA

   TEL：+86-755-2626268　FAX：+86-755-2626269

3. 合同号：OA170602

4. 签订日期：JUNE 2，2017

5. 签订地点：SHENZHEN

6. 合同份数：2

请你以进口公司业务员李明身份，完成购货合同拟定。

2.4 任务实施

任务分组

<table>
<tr><td>班级</td><td></td><td>组号</td><td></td><td>指导教师</td><td></td></tr>
<tr><td>组长</td><td colspan="2"></td><td>学号</td><td colspan="2"></td></tr>
<tr><td rowspan="4">组员</td><td colspan="2"></td><td rowspan="4">学号</td><td colspan="2"></td></tr>
<tr><td colspan="2"></td><td colspan="2"></td></tr>
<tr><td colspan="2"></td><td colspan="2"></td></tr>
<tr><td colspan="2"></td><td colspan="2"></td></tr>
</table>

步骤一：填写合同中的约首部分内容，即买卖双方名称、地址、电话、合同号、合同日期、签约地点等。

步骤二：填写合同中的正文部分内容，即商品的品名、品质、数量、包装、单价、总额、包装、运输、保险、支付和标准等条款。

步骤三：填写合同中的约尾部分内容，即买卖双方签字、盖章等。

步骤四：组与组之间交叉互审合同中每个条款书写是否正确，错误之处应指出。

任务工单

订购合同

PURCHASE CONTRACT

买方
BUYER:

编号 NO.:

日期 DATE:

地点 SIGNED IN:

卖方
SELLER:

买卖双方同意以下条款达成交易:
This contract is made by and agreed between the buyer and seller, in accordance with the terms and conditions stipulated below.

1. 品名及规格 Commodity & Specification	2. 数量 Quantity	3. 单价及价格条款 Unit Price & Trade Terms	4. 金额 Amount
Total:			

允许 With 溢短装，由卖方决定
More or less of shipment allowed at the sellers' option

5. 总值
Total Value

6. 包装
Packing

7. 唛头
Shipping Marks

8. 装运期及运输方式
Time of Shipment & means of Transportation

9. 装运港及目的地
Port of Loading & Destination

10. 保险
Insurance

11. 付款方式
Terms of Payment

The Buyer　　　　The Seller

2.5 任务评价

任务内容	评价指标		分值	得分
合同拟定	1	约首部分书写是否正确	10	
	2	品名品质条款书写是否正确	10	
	3	数量条款书写是否正确	10	
	4	包装条款书写是否正确	10	
	5	价格条款书写是否正确	10	
	6	运输条款书写是否正确	10	
	7	保险条款书写是否正确	10	
	8	支付条款书写是否正确	10	
	9	标准条款书写是否正确	10	
	10	约尾部分书写是否正确	10	
总计			100	

2.6 技能巩固

南京德尚贸易有限公司 NANJING DESUN TRADING CO., LTD. HUARONG MANSION RM2901 NO. 85 GUANJIAQIAO, NANJING 210005, CHINA 从日本 EAST AGENT COMPANY, 3-27 OHTAMACHI, NAKA-KU, YOKOHAMA, JAPAN 231 进口三菱空调附件 MITSUBISHI DAIYA PACKAGED AIR CONDITIONER (INDOOR UNIT) PARTS。贸易术语 CIP 南京，支付方式为即期信用证。每个空调附件装一个纸箱，自行设计标准化唛头。采用空运，不迟于 2022 年 7 月装运，启运地为 NAGOYA。合同号为 DS1032E，合同日期为 2022 年 6 月 1 日。空调附件的规格及报价为：FDTJ56HKXE2，30PCS，每个 JPY23460.00；FDMJ56HKXE2，42PCS，每个 JPY24400.00。请你以德尚公司业务员的身份，拟定一份购货合同。

订购合同
PURCHASE CONTRACT

买方
BUYER:

编号 NO.:

日期 DATE:

地点 SIGNED IN:

卖方
SELLER:

买卖双方同意以下条款达成交易:
This contract is made by and agreed between the buyer and seller, in accordance with the terms and conditions stipulated below.

1. 品名及规格 Commodity & Specification	2. 数量 Quantity	3. 单价及价格条款 Unit Price & Trade Terms	4. 金额 Amount
Total:			

允许 With 溢短装，由卖方决定
More or less of shipment allowed at the sellers' option

5. 总值
Total Value

6. 包装
Packing

7. 唛头
Shipping Marks

8. 装运期及运输方式
Time of Shipment & means of Transportation

9. 装运港及目的地
Port of Loading & Destination

10. 保险
Insurance

11. 付款方式
Terms of Payment

The Buyer The Seller

2.7 知识拓展

进口合同签订注意事项

1. 合同标的物的描述及规范

品名规格应表述完整规范。特别是购货合同的品质，务必订得详细准确。有质量标准的，要订明所遵循的是国家标准、行业标准还是企业标准。凭样成交的要封存样品，妥善保管，作为验收的最终依据。

2. 交货时间应明确具体

购货合同交货期较外销合同要有适当的提前，如果分批交货，购货合同必须订明每次交货的具体数量、时间。外销合同可以仅规定共分几批交货及最后一批的交货期限，以免客户开证时提出诸多要求，增加执行难度。

3. 产品不合格的索赔时效

索赔时效要根据不同的商品特性，参照有关行业规定与惯例，明确买方对货物质量、数量提出异议的时限。在合同中如规定由中国商检局检验，最好订明“需方提供检验报告且需方对质量提出异议的期限为收到货物后××天”。

4. 定金和预付款

支付定金或预付款时，必须分清定金与订金的区别。定金在履约前可起到担保的作用，履约后可抵作价款，不按合同约定履行时具有惩罚的作用。而订金和预付款一样，都不具备这种担保与惩罚的作用。一旦对方违约，对出口方的利益没有保障。另注：《中华人民共和国民法典》规定，定金最多不能超过合同标的额的20%，超过部分，视作预付款处理。

项目八

合同履行

项目描述

天津华升进出口贸易有限公司于 2022 年 1 月 30 日与德国汉堡安联贸易有限公司签订出口 50000 个链条的合同。纸箱包装，每个纸箱装 50 个，共 1000 个纸箱，恰好可以用一个 20 尺集装箱装运出口。公司对外报价为每个链条 5 美元 FOB TIANJIN。装运期为 2022 年 5 月 15 日前。付款方式为即期信用证。海运出口从天津港到汉堡港。请你以天津华升进出口贸易有限公司业务员李明的身份，完成出口合同履行。

学习目标

知识目标：

1. 了解进出口合同履行流程。
2. 掌握货、证、船、款 4 个环节的操作。

能力目标：

1. 能够根据合同要求，准备好进口商所需货物。
2. 能够根据信用证要求，落实各条款内容。
3. 能够正确办理租船订舱、报关报检手续。
4. 能够制作各支付方式下的结汇单据，办理出口退税。

人生目标：

在合同履行过程中，要培养诚信意识，吸引更多国家与我们开展对外贸易，与其他国家共建国际贸易命运共同体，形成更大范围、更宽领域、更深层次对外开放格局。

任务1 出口合同履行

1.1 任务知识

出口合同是进口商出口商双方当事人依照法律通过协商就各自在贸易上的权利和义务所达成的具有法律约束力的协议。双方应严格按照合同约定来履行各自的责任和义务，确保合约顺利履行。

出口合同履行包括4个环节：货（备货）、证（催证、审证、改证）、船（托运、报关、保险）、款（制单、结汇）。

我国出口贸易中，多采用海上运输交付货物，由我方安排运输和以信用证方式支付货款的居多。下面以我方安排运输的海运CIF和即期议付信用证结算的合同为例介绍出口合同履行的基本环节及有关问题，采用其他贸易条件和支付方式的合同，除某些细节有些差异外，基本做法大体相同。

一、备货

备货指按时、按质、按量履行合同的交货义务，根据合同规定的品质、数量和交货期等要求，进行准备货物的工作。

(1) 按事先协议或进货合同向生产或供货部门安排生产或催交货物。

(2) 核实并检查应收货物的品质、包装、数量等情况，并对货物进行验收。

(3) 有的货物即使已经验货进仓，尚需根据出口合同规定要求再次进行整理、加工和包装，并在外包装加刷运输标识和其他必要的标识。

(4)《公约》第三十条明确规定："卖方必须按照合同和本公约的规定交付货物、移交单据并转移货物所有权是卖方的三项基本义务。"

(5) 在履行合同过程中，不仅要求当事人应当完全履行合同明文规定的义务，而且还应履行合同中未做明文规定但按法律和惯例当事人应尽的默示义务。

(6) 在备货过程中，对以下问题尤其应该重视：

①货物的品质、规格必须与出口合同的规定一致。

a. 凡凭规格、等级、标准等文字说明达成的合同，交付货物的品质必须与合同规定的文字说明相符。

b. 凡凭样品达成的合同，则必须和样品一致。

c. 如既凭文字说明，又凭样品达成的合同，则两者均须相符。

d. 货物的品质还必须适用于同一规格货物通常使用的目的和在订立合同时买方通知卖方的特定目的。

②货物的数量必须符合出口合同的规定。

a. 如发现货物数量不符合合同需要时，应及时采取有效措施，并在规定期限内补足。

b. 为便于补足储存中的自然损耗和国内搬运过程的货损以及按合同溢短装条款的溢装之用，备货数量一般以略多于出口合同规定的数量为宜。

c. 按照《UCP600》规定：凡“约”“大约”或类似意义的词语用于数量时，应解释为允许有不超过10%的增减幅度。

d.《UCP600》还规定：“除非信用证规定所列货物数量不得增减，在支取金额不超过信用证金额的条件下，即使不准分批装运，货物数量也允许有5%的伸缩。但信用证规定货物数量按包装或个体计数时，此项伸缩则不适用。”

③货物的包装必须符合合同规定和运输要求。

a. 倘若合同未对包装做具体规定，按《公约》规定，应按照同类货物通用的方式进行包装。

b. 如果没有通用方式，则应按照足以保全和保护货物的方式进行包装。

c. 在备货过程中，对货物的内外包装和装潢，均需认真地进行核对和检查，如发现有包装不良或破损情况，应及时加以修整和换装，以免在装运时取不到清洁提单，造成收汇困难。

d. 包装标识包括运输标识（唛头）的内容和式样，如合同有规定或客户方面另有指定的，则应按合同规定或客户指定的办理；如合同未规定，客户对此又无要求的，由我方自行选择刷制。

e. 如出口国有关当局规定包装标识必须使用特定文字的（如海湾国家要求用阿拉伯文），一般应予照办。

f. 标识的刷写部位和文字大小要适当，图案字迹要清楚，使用的颜料要不易褪色。

g. 在保证商品质量和不违反出口合同的前提下，还应尽可能压缩货物包装的体积或降低货物包装的重量，以节省运费支出。

④备妥货物的时间应严格按照出口合同规定和信用证规定的装运期限，并结合船期进行安排。在时间掌握上，一般还要适当留有余地。

⑤对于不够了解情况或资信欠佳的客户以及按客户要求定制的规格、花色、造型特殊不易他售的货物，一般应按合同规定，在收取对方开来的信用证并经审核无误后再正式投产，以防对方不履行合同时造成商品积压，处理困难。

⑥凡属法定检验的出口商品或出口合同约定应由检验检疫部门进行检验检疫的出口商品，应按规定手续向出入境检验检疫机构报检，取得相应的合格证书。对法定检验商品，包括应经检疫的动植物及产品包装容器，海关凭出入境检验检疫机关签发的证书或其他凭

证验收。未经检验检疫机关检验检疫或检验检疫不合格的，不准出口。

⑦货物必须是第三方不能提供任何权利或请求的。

a. 这在法律上称为对卖方的权利担保，即卖方应保证对所售货物享有完全的所有权。

b. 卖方应有权出售该项货物，并保证买方能安宁的占有和支配该货物而不受任何第三方的侵扰。也就是说，卖方不能把非法侵占他人权利得来的货物出售给买方，以致于使买方遭受该项货物的合法权利人（包括所有权和抵押权）的追索或指控。

c. 准备交付的货物还必须是第三方不能根据工业产权（如商标权、专利权）或其他知识产权（著作权、版权）主张任何权利和请求的。

d. 按照《公约》规定，此项权利或请求以卖方在合同订立时已经知道或不可能不知道的权利或要求为限。

e. 此项权利或要求的发生，是由于卖方要遵照买方所提供的技术图样、图案、程式或其他规格供应的，卖方不可能承担上述义务。

二、催证、审证、改证

凡规定以信用证方式付款的合同，买方还必须按合同规定及时办理开立信用证手续，而且所开信用证的内容应与合同相符或者虽有不符，但其不符内容能为卖方接受。

1. 催证

（1）催证是指通过信件、电报、电传或其他方式，催促对方及时办理开立信用证手续并将信用证送达卖方。

（2）按时开证是买方必须履行的重要义务。

（3）催证时，一般直接向国外客户（开证人、实际买户或中间商）发函电通知，必要时还可商请银行协助。

2. 审证和改证

（1）信用证是银行的一种保证文件，开证银行的信用、信用证的各项内容都关系着收汇的安全，因此，收到信用证后，应立即根据买卖合同和《UCP600》的规定逐项认真审核。

（2）原则上说，买方开立的信用证内容必须与买卖合同规定一致，在未征得卖方同意前，不得随意添加或改变。

（3）审核信用证是银行和出口企业的共同责任，因此，出口企业必须和有关银行加强联系，密切配合。

（4）在审证时，如发现有我方不能接受的条款或内容时，应及时向开证人提出要求进行修改。

三、托运、报关、装运、投保、发装运通知

在备妥货物和落实信用证以后，出口企业即应按出口合同和信用证规定，对外履行装

运货物，即交付货物的义务。装运货物涉及的工作环节甚多，其中以托运、报关、装运、投保、发装运通知尤为重要。

（1）托运就是出口企业委托货运代理或其他有权受理对外货运业务的单位向承运机构或其代理人办理海、陆、空等出口运输业务。

（2）报关分为出口报关和进口报关。出口报关是指出口货物的发货人（通常为出口企业）或其代理人向海关申报有关单据、证件，并办理货物通关出境的手续。

（3）“装运”一词在以F组、C组术语订立的买卖合同中通常视作“交货”的同义词。按照国际商会制定的《跟单信用证统一惯例600号》的解释：用于规定装运日期的“装运”一词，将被理解为包括诸如“装船”“发运”“收妥待运”“邮局收据日期”“收货日期”等类似词语，还包括在信用证要求多式运输单据下的“接受监管”。简而言之，“装运”是指出口企业将货物装上运往指定目的地的运输工具或交付给负责将货物运往指定目的地的承运人。

（4）投保，指在履行CIF或CIP出口合同时，在配载就绪、确定船名或运输工具后，外贸企业将货物运离仓库或其他储存处所前，按照买卖合同和信用证的规定办理投保手续，支付保险费，取得保险单据。

（5）货物装运完毕，应及时给买方发出装运通知。其目的是使买方及时了解装运情况，以便准备收货，并在必要时办理保险的加保手续。如为FOB、CFR、FCA、CPT合同，则由买方接到装运通知后自行办理投保手续。通知的对象可以是中间商，也可以是实际买户，有时也可以是信用证的开证行，视客户要求和信用证规定而定。装运通知的内容主要有合同号码、货物名称、数量、总值、装运地点、装船日期、船名及预计开航日期等。在履行FOB、CFR、FCA、CPT条件的出口合同时，及时发出装运通知尤为重要。

四、制单、结汇

货物装运后，出口企业应立即按信用证要求，正确缮制各种单据，并在信用证规定的交单期内将各种单据和必要的凭证，送交银行办理议付结汇手续。

1.2 任务清单

任务内容	任务要求
准备买方所需货物	能够列举准备货物的两种方式及每种备货方式的注意事项
落实信用证	能够梳理出落实信用证的三个关键环节及每个环节的操作步骤
落实货物出运	能够正确办理租船订舱手续、办理报检报关手续

续表

任务内容	任务要求
制单结汇	能够制作不同支付方式下的结汇单据并审核单据
出口退税	能够正确办理出口退税

1.3 任务描述

天津华升进出口贸易有限公司 TIANJIN HUASHENG IMPORT AND EXPORT CO., LTD. 地址：NO. 2 YOUYI ROAD, HEXI DISTRICT, TIANJIN, CHINA，向德国汉堡安联进出口贸易有限公司 ALLIANZ IMPORT AND EXPORT CO., LTD. 地址：REICHPIETSCHUFER50, D-10785BERLIN, HAMBURG, GERMANY 出口链条 CHAIN，货号为 304# STAIN STEEL ITEM No. TJSW001，数量 50000PCS，包装方式为 50 PCS/CARTON，每箱毛重 22kgs，每箱净重 21. 5kgs，总数量 1000CARTONS，用一个 20 尺集装箱装运出口。合同号为 DEG-2022-20，合同签订日期为 2022 年 1 月 30 日。报价为 FOB TIANJIN USD5. 0/PC。装运期为 2022 年 5 月 15 日前。付款方式为信用证。海运出口从天津港到汉堡港。请你以天津华升进出口贸易有限公司业务员李明的身份，完成合同履行任务工单。

1.4 任务实施

任务分组

班级		组号		指导教师	
组长			学号		
组员			学号		

步骤一：准备货物。自行准备或者与国内加工厂签订加工合同，准备好进口商所需货物。

步骤二：落实信用证。根据买方开证情况，进行相应的催证、审证及改证工作。

步骤三：准备出运。准备好运输工具，办理报关报检手续。

步骤四：收取外汇。制作不同支付方式下的结汇单据，办理结汇。

步骤五：办理出口退税。能够持相关单据去税务局办理出口退税。

任务工单

绘制出口合同履行业务流程图	

1.5 任务评价

任务内容	评价指标		分值	得分
合同履行	1	备货涉及的国内采购合同和加工合同填写是否正确	20	
	2	催证书书写是否正确	10	
	3	审证中发现的不符点是否正确	20	
	4	改证函书写是否正确	10	
	5	办理租船订舱工作所需单据及环节是否填写正确	10	
	6	相关结汇单据制作是否正确	20	
	7	出口退税所需单据整理是否正确	10	
总计			100	

1.6 技能巩固

上海龙华贸易有限公司与加拿大 TBS 公司签订陶瓷餐具（CHINAESE CERAMIC DINNERWARE）合同，成交价格条件 CFR TORONTO，从上海运往多伦多，装运期为 2017 年 12 月，允许分批和转船，产品规格如下。

货号	品名规格	成交数量	单价
HX2016	45-PIECE DINNERWARE	542SETS	USD23. 50/SET
HX3018	30-PIECE DINNERWARE	800SETS	USD20. 40/SET
HX4015	57-PIECE DINNERWARE	443SETS	USD23. 20/SET
HX5014	85-PIECE DINNERWARE	254SETS	USD30. 10/SET

包装条件为 HX3018 两套装一个纸箱，每箱毛重 10 千克，净重 9 千克，体积每箱 0.5CBM；HX2016、HX4015、HX5014 一套装一个纸箱，共 1639 个纸箱。付款条件为即期信用证，合同号为 SHHX07027，合同日期为 2017 年 10 月 3 日。请你以龙华公司业务员身份，拟定一份销售合同履行方案。

1.7 知识拓展

职业技能与岗位规范

一、进出口从业人员必须具备的知识与技能要求

1. 政策水平

必须熟悉我国对外经济贸易方面的方针政策，并了解国家关于对外经济贸易的具体政策措施。具有较高的政策水平、策略水平并善于机动灵活地处理洽商过程中出现的各种问题。

2. 市场营销知识

国际贸易就是做买卖，故对买卖中了解需求、确定需求和满足需求的思想、战略、方法、途径等要有深入的研究。

3. 外贸业务及相关知识

熟悉各国关税制度以及非关税方面的规定、国际汇兑方面的知识、保险知识、运输知识、WTO 的相关规定、EDI 方式等。熟悉货运、报关、检验等手续。

5. 法律知识

必须熟悉《中华人民共和国民法典》《中华人民共和国反不正当竞争法》《中华人民共和国反倾销法》《中华人民共和国知识产权法》等，了解有关国际贸易、国际技术转让和国际运输等方面的法律、惯例以及有关国家的外汇管制法和税法等方面的知识。

6. 商品知识

要掌握经营产品的尺寸、颜色是否被卖方接受，零件是否在国外购买，每个单位包装是否有件数规定，怎样将货物从仓库运到出口地，用铁路或公路运输哪个成本高，装运体积多大对国外批发商最有利等。还应知道竞争者的产品特点、用途、使用方法、维修及售后服务等方面的情况。

7. 企业知识

要对本企业有相当程度的了解。如企业的市场地位，战略、战术，定价策略，交货、付款方式等；企业是否具有增加生产的能力及应变的能力、控制质量的能力及维持信誉的能力；是否具备提供始终如一的质量和定时服务的能力；是否具有新产品设计能力等。

8. 客户知识

如本企业或产品有多少客户，其特点、需求偏好、购买动机与习惯、客户的资信、所

处的地点等。

9. 外语能力

应当熟练地掌握外语。在进出口业务中要求业务员能够及时、准确地处理大量的外文函电并用外语直接洽谈交易，听说读写译五门功课必不可少。

二、进出口从业人员必须具备的素质要求

1. 正派

正派是一个人本身应具备的素养。一个人对待他人，不论职位高低，一视同仁，这样才会使人感到亲切，值得信赖。

2. 真诚

诚实是最可靠的工具。诚实守信才会使客户相信产品的质量，进而树立威信。真诚是协调人际关系的坚强基石，真诚的关爱绝不是单一的付出，而是互动的，二者皆受其益。

3. 谦虚礼貌

谦虚、礼貌待人有助于感情联络和工作的开展，也是尊重他人的表现。目空一切，唯我独尊，这在任何场合都不受欢迎；没有相互尊重，不能正确地看待自己和看待别人，谈不上什么人格魅力。作为外销人员，以低姿态进入新环境，可以学习和捕捉许多意想不到的信息。

4. 宽容大度

宽容大度即慷慨之道。能容忍不同的想法，包容别人的过失，有助于双方情感的沟通。有较高的人际间心理相容水平，自然也有更多的机会去影响别人。

5. 吃苦耐劳

任何事情都是人做出来的，苦干实干是把事物变样的基础。当然这并不排除巧干，在巧干的指导下，实干苦干才能不走冤枉路。但光有巧干是难成大事的，有的人只想走捷径，不想付出，那就很难发现事物的本来面目。要有吃苦耐劳的精神，否则有再好的市场、再多的资本和再高的技术，也难达到目的。

6. 强烈的事业心

一个人把工作当作追求，而不是把它当成累赘，才会有责任感、荣誉感和成就感，才能调动自己全部的智慧，不畏挫折，有所创造。非做成交易不可的心理状态是进出口从业人员事业心的内在体现。

7. 坚定的意志

进出口从业人员的工作总是与克服困难联系在一起的，因此外销员必须拥有稳定而乐观的情绪，具有不怕碰壁的勇气、信心和健全的心态，心理素质强，不能患得患失。

8. 敏锐的观察力

要善于从蛛丝马迹中捕捉到别人忽略的情况和细节。例如，“L/C 60 天付款”和“D/A 60 天付款”虽然只有两个英文字母之差，但是意思大不相同，后者使卖方的结算风险明显加大了。

9. 良好的交际能力

进出口从业人员需要与各种各样的人打交道，要在各种场合都做到让人喜爱、受人欢迎，才能易于接近别人，取得相互认识，进一步相互了解。

10. 开拓创新能力

每一次业务的成功，都不是上一次业务活动的简单重复。有经验的人有一种固定的思维模式，可能会沿着自己已走过的路继续走下去，而缺乏开拓、创新精神；业务新手可能会突发奇想，不受任何框架的限制，反而具有拓展业务的能力。俗话说："愚者向经验学习，智者向历史学习"。我们所需要的是总结和继承前人做事的良好思维方式、理论联系实际的作风以及认识事物发展规律的方法。

任务2　进口合同履行

2.1 任务知识

在进口业务中，我方作为买方，必须按照合同、有关国际条约和国际惯例的规定，完成接货、付款的基本任务。另外，进口环节还包括：信用证的开立和修改、安排运输和保险、审单、报关、商品检验、进口索赔。因此，进口商应与各有关部门密切配合，逐项完成各个环节涉及的工作。

一、申报进口

为了维护正常的进口秩序，保护和促进国内生产，加强对进口贸易的管理，我国对部分商品实行进口许可证制度。国家限制进口货物的品种，由商务部根据国家规定统一调整和公布。

申领进口许可证的一般程序如下。

1. 申请

由订货的单位向发证机关提交厅、局级以上单位出具的进口许可证申请函。申请函内容包括进口商品名称、规格、数量、单价、总金额，以及我方对外成交单位、进口国别、外汇来源、贸易方式、到货口岸、申请单位名称等项目。

2. 审核、填表

发证机关收到申请以及有关资料后，经审核符合有关规定的，即发给申请单位中华人民共和国进口许可证申请表，要求申请单位按要求如实填写并加盖公章。

3. 发证

发证机关对申请表审核通过后，即向申请单位签发进口货物许可证。申请单位领到许可证后，才能对外订货，并凭此向海关办理货物进口报关手续和向银行付汇。

二、信用证的开立和修改

进口合同签订后，开证申请人应按合同规定填写开证申请书并向中国银行办理开证手续。信用证的内容应与合同条款一致。开证申请书的内容必须完整明确，为了防止混淆和误解，开证申请书中不应罗列过多的细节。

信用证的开证时间，应按合同规定办理。

开证申请人在填写开证申请书时，应注意下列问题：

（1）信用证的种类。应按合同规定。

（2）信用证金额。大小写金额要一致。

（3）汇票的付款人和付款期限。汇票的付款人应为开证行或信用证指定的其他银行，汇票为即期还是远期，应严格按照合同规定。

（4）运输单据。如采用海洋运输，一般应要求提供全套凭开证行或申请人指示并经发货人空白背书的已装船清洁提单。

（5）其他单据。产地证、品质、重量检验证书、化验证明书等的签发机构，形式、内容及证明事项等应作明确规定。

（6）分批装运和转运。进口合同如规定不允许分批装运和转运的，应在信用证中明确注明不准分批装运、不准转运。如信用证对此不作规定的，将被视为允许分批装运和转运。

（7）有效期限和到期地点。信用证必须规定一个到期日和一个交单地点，否则，该信用证就不能使用。

信用证开出后，受益人或开证申请人经常会因情况发生变化或其他原因而要求对信用证进行修改。常见的原因有发现信用证与合同不符，装运期与有效期已过，需要变更装卸口岸，增加数量、金额，某些条款受益人认为无法履行等。

在不可撤销信用证下，任何一方对信用证的修改，都须征得各当事人的同意，尤其是进出口双方的同意，方能生效。

当信用证的修改项目不止一项时，必须接受全部项目，否则必须全部退回，不能仅接受其中一项，而拒绝其他各项。

三、安排运输

（一）租船、订舱

目前，我国进口货物的租船订舱工作统一委托外运公司办理。租船订舱的时间应严格按照合同规定，并应在运输机构规定的时间内提交订舱单，以保证及时配船。

（二）催装

进口企业在办妥租船订舱手续，接到运输机构的配船通知后，应按规定期限将船名及预计到港日期通知卖方，以便卖方准备装货。同时，我们还应随时了解和掌握卖方备货和装前的准备工作情况，注意催促对方按时装运。对数量大的物资进口，如有必要亦可请我驻外机构就近了解，督促对方按时、按质、按量履行交货义务，或派员前往出口地点监督装运。

（三）派船接货

买方在接到货运代理公司舱位已安排妥当的通知后，应及时向发货人发出派船通知，将船名、预计到达日期、拟装载的重量、到达的港口、船籍等以电报方式通知卖方，以便卖方做好准备。

四、投保货运险

FOB、FCA、CFR 和 CPT 价格条件下的进口合同，由进口企业负责向保险公司办理货物的运输保险。我国大部分外贸企业都和保险公司签订海运、空运和陆运货物的预约保险合同。这种保险方式，手续简便，对外贸企业进口的货物的投保险别、保险费率、适用的保险条款、保险费及赔偿的支付方法等都作了明确的规定。因此，每批进口货物，在收到国外装船通知后，将船名、提单号、开船日期、商品名称、数量、装运港、目的港等内容通知保险公司，即作为已办妥保险手续。

五、审单和付款

中国银行接到国外寄来的汇票及单据后，对照信用证的规定，核对单据的份数和内容。如内容无误，则中国银行对国外付款。同时进口公司用人民币按照国家规定的有关折算的牌价向中国银行买汇赎单。进出口公司凭中国银行出具的“付款通知书”向用货部门进行结算。如审核国外单据发现单、证不符时，要立即处理，要求国外改单或停止对外付款。

开证行、保兑行（如有的话）或代表他们的指定银行应各有一段合理时间审核单据，即不超过收到单据次日起的 7 个银行工作日，审核和决定接受或拒绝接受单据，并相应地通知交单方。

六、报关和接货

进口货物到货后，由进出口公司或委托外运公司根据进口单据填写“进口货物报关单”向海关申报，并随附发票、提单及保险单。如属法定检验的进口商品，还须随附商品检验证书。货、证经海关查验无误，才能放行。进口货物运达港口卸货时，港务局要进行核对。如发现短缺，应及时填制“短卸报告”交由船方签认，并根据短缺情况向船方提出索赔权的书面声明。卸货时如发现残损，货物应存放于海关指定仓库，待保险公司会同商检局检验后做出处理。

七、拨交货物

无论是进口企业自营进口还是代理进口，货物在港口卸货并经海关查验放行后，都需要办理货物拨交手续。拨交方法有两种：一是在口岸拨交。凡是属于必须在卸货港检验的商品，必须经检验部门检验合格后，方可办理拨交。如果用货单位在卸货港所在地，则可就地拨交货物。二是用货单位目的地拨交。如果用货单位不在卸货地区，则委托货运代理将货物运至用货单位所在地拨交。至于进口货物的有关税费，进口企业应事先与货运代理结算后，再向用货单位办理结算手续。

八、进口索赔

进口商品常因品质、数量、包装等不符合合同的规定，而需向有关方面提出索赔。进口索赔有以下 3 种情况。

1. 向卖方索赔

凡属下列情况者，均可向卖方索赔。例如：原装数量不足；货物的品质、规格与合同规定不符；包装不良致使货物受损；未按期交货或拒不交货等。

2. 向承运人索赔

凡属下列情况者，均可向承运人索赔。例如，原装数量少于提单所载数量；提单是清洁提单，而货物有残缺情况，且属于船方过失所致；货物所受的损失，根据租船合约有关规定应由船方负责等。

3. 向保险公司索赔

凡属下列情况者，均可向保险公司索赔。例如，由于自然灾害、意外事故或运输中其他事故的发生致使货物受损，并且属于承保险别范围以内的。凡轮船公司赔偿金额不足抵补损失的部分，并且属于承保范围内的损失。

2.2 任务清单

任务内容	任务要求
申报进口	能够正确办理进口申报手续
信用证开立与修改	能够正确填写开证申请书和信用证修改函
安排运输	能够正确办理租船订舱手续，填写托运单
投保货运险	能够正确填写投保单，办理投保手续
审单付款	能够正确审核结汇单据并支付货款
报关接货	能够正确填写报关单并办理报关手续
办理索赔	能够制作索赔单据并办理索赔手续

2.3 任务描述

南京德尚贸易有限公司 NANJING DESUN TRADING CO., LTD. 地址：HUARONG MANSION RM2901 NO. 85 GUANJIAQIAO，NANJING 210005，CHINA，从日本 EAST AGENT

COMPANY，地址：3-27 OHTAMACHI，NAKA-KU，YOKOHAMA，JAPAN 231 进口三菱空调附件 MITSUBISHI DAIYA PACKAGED AIR CONDITIONER（INDOOR UNIT）PARTS。贸易术语 FOB NAGOYA，支付方式为即期信用证。每个空调附件装一个纸箱。不迟于 2022 年 7 月装运。合同号为 DS1032E，合同日期为 2022 年 6 月 1 日。空调附件的规格及报价为：FDTJ56HKXE2，30PCS，每个 JPY23460.00；FDMJ56HKXE2，42PCS，每个 JPY24400.00。请你以德尚公司业务员的身份，履行该笔进口业务。

2.4 任务实施

任务分组

<table>
<tr><td>班级</td><td></td><td>组号</td><td></td><td>指导教师</td><td></td></tr>
<tr><td>组长</td><td colspan="2"></td><td>学号</td><td colspan="2"></td></tr>
<tr><td rowspan="4">组员</td><td colspan="2"></td><td rowspan="4">学号</td><td colspan="2"></td></tr>
<tr><td colspan="2"></td><td colspan="2"></td></tr>
<tr><td colspan="2"></td><td colspan="2"></td></tr>
<tr><td colspan="2"></td><td colspan="2"></td></tr>
</table>

步骤一：填写开证申请书，办理开证事宜。

步骤二：填写托运委托书，办理租船订舱手续。

步骤三：填写投保单，办理投保手续。

步骤四：审核结汇单据并付款。

步骤五：填写报关单并办理报关手续。

步骤六：组与组之间交叉互审每种单据填写是否正确，错误之处应指出。

任务工单

绘制进口合同履行业务流程图	

IRREVOCABLE DOCUMENTARY CREDIT APPLICATION

TO：×× BANK DATE：

<table>
<tr><td colspan="2">Beneficiary (full name, address)</td><td>L/C No.
Ex Card No.
Contract No.

Date and place of expiry:</td></tr>
<tr><td>Partial shipments
( ) allowed
( ) not allowed</td><td>Transhipment
( ) allowed
( ) not allowed</td><td>( ) Issue by airmail
( ) With brief advice by teletransmission
( ) Issue by express delivery
( ) Issue by teletransmission (which shall be the operative instrument</td></tr>
<tr><td colspan="2">Loading on board/dispatch/ taking in charge at/from

Not later than
For transportation to</td><td>Amount: (both in figures and words):</td></tr>
<tr><td colspan="2">Description of goods:</td><td>Credit available with
( ) by sight payment
( ) by acceptance
( ) by negotiation
( ) by deferred payment at against the documents detailed herein
( ) and beneficiary's draft for 100% of invoice value

( ) FOB ( ) CFR ( ) CIF ( )
or other terms</td></tr>
<tr><td colspan="3">Documents required: (marked with X)
1. ( ) Signed commercial invoice in 3 copies indicating L/C No. and Contract No. ______
2. ( ) Full set of clean on board Bills of Lading made out to and blank endorsed, marked " freight [ ] prepaid/ [ ] to collect [ ] showing freight amount" notifying the applicant
3. ( ) Air Waybills showing "freight [ ] prepaid/ [ ] to collect indicating freight amount" and consigned to
4. ( ) Insurance Policy/Certificate in 3 copies for 110 % of the invoice value showing claims payable in China in currency of the draft, blank endorsed, covering [ ] Ocean Marine Transportation / [ ] Air Transportation / [ ] Over Land Transportation) All Risks, War Risks.
5. ( ) Packing list / Weight Memo in 3 copies indicating Contract No. .
6. ( ) Certificate of Quantity/ Weight in 3 copies issued by [ ] manufacturer / [ ] Seller / [ ] independent surveyor at the loading port, indicating the actual surveyed quantity / weight of shipped goods as well as the packing condition.
7. ( ) Certificate of Quality in 3 copies issued by [ ] manufacturer / [ ] public recognized surveyor.
8. ( ) Beneficiary's Certified copy of fax dispatched to the applicant within 2 days after shipment advising the contract number, name of commodity, quantity, invoice value, bill of loading, bill of loading date, the ETA date and shipping Co.
9. ( ) Beneficiary's Certificate certifying that extra copies of the documents have been dispatched to the [ ] applicant/ [ ]</td></tr>
</table>

续表

10. (   ) Certificate of Origin in 3 copies certifying. 11. (   ) Other documents, if any: Additional instruction: (marked with ×) 1. (   ) All banking charges outside the opening bank are for beneficiary's account. 2. (   ) Documents must be presented within   days after the date of issuance of the transport documents but within the validity of this credit. 3. (   ) Third party as shipper is not acceptable, Short Form / Blank B/l is not acceptable. 4. (   ) Both quantity and amount % more or less are allowed. 5. (   ) All documents to be forwarded in one lot by express unless otherwise stated above. 6. (   ) Other terms, if any:
Account No: with Transacted by: TEL:

货物进口委托书

ENTRUSTING OF APPLICATION FOR EXPORT (IMPORT) GOODS

合同号 CONT. NO.	信用证号 L/C. NO.	委托书号 ENTRUSTING NO.

<table>
<tr><td colspan="5">发货人名称（Shippers）</td></tr>
<tr><td colspan="5">收货人（Consignees）</td></tr>
<tr><td colspan="5">通知人和地址（Notify Party & Address）</td></tr>
<tr><td rowspan="3">运输标记（Marks & No.）</td><td rowspan="3">件数
QTY.</td><td rowspan="3">包装
PKG.</td><td rowspan="3">品名（Description）</td><td>毛重 G. WT.</td></tr>
<tr><td>净重 N. WT.</td></tr>
<tr><td>体积 MEAS.</td></tr>
</table>

续表

货物起运地（Goods to Be Delivered From）		至港口运输工具（Forwarded to The Port By）
装货港（Port of Loading）	卸货港（Port of Discharging）	装船期（Date of Shipment）
可否转船（Transshipment）	可否分批（Partial Shipment）	提单份数（B/L）
运费支付（Freight Payable at）	价格条件（Trade Terms）	信用证效期（Clearance Expiry Date）
信用证中对装运人和承运人特殊条款 The special clause As per L/C		
开证行名称（The name of opening bank）		开证申请人（Applicant）
委托单位（Entrusting Party）		制单人（Filled by）

中国人民保险公司　天津分公司

The People's Insurance Company of China, Tianjin Branch

货物运输保险投保单

APPLICATION FORM FOR CARGO TRANSPORTATION INSURANCE

被保险人

Insured

发票号（INVOICE NO.）

合同号（CONTRACT NO.）

信用证号（L/C NO.）

发票金额（INVOICE AMOUNT）：

投保加成（PLUS）________%

兹有下列货物投保。（INSURANCE IS REQUIRED ON THE FOLLOWING COMMODITIES：）

标　记 MARKS & NOS.	数量及包装 QUANTITY	保险货物项目 DESCRIPTION OF GOODS	保险金额 AMOUNT INSURED

启运日期：　　　　　　　　　　　　　　　　　装载运输工具：

DATE OF COMMENCEMENT____________PER CONVEYANCE：______________

自　　　　　　　　　　　经　　　　　　　　　　至

FROM______________VIA______________TO______________

提单号：　B/L NO.：______________　赔款偿付地点 CLAIM PAYABLE AT________

投保险别：（PLEASE INDICATE THE CONDITIONS &/OR SPECIAL COVERAGES）：

请如实告知下列情况：（如“是”在[　]中打“✓”“不是”打“×”）IF ANY，PLEASE MARK “✓” or “×”

1. 货物种类：袋装[　]　散装[　]　冷藏[　]　液体[　]　活动物[　]　机器/汽车[　]　危险品等级[　]

GOODS：　BAG/JUMBO　BULK　REEFER　LIQUID　LIVE ANIMAL　MACHINE/AUTO　DANGEROUS CLASS

2. 集装箱种类：　普通[　]　开顶[　]　框架[　]　平板[　]　冷藏[　]

CONTAINER：　ORDINARY　OPEN　FRAME　FLAT　REFRIGERATOR

3. 转运工具：　海轮[　]　飞机[　]　驳船[　]　火车[　]　汽车[　]

BY TRANSIT：　SHIP　PLANE　BARGE　TRAIN　TRUCK

4. 船舶资料：　船籍[　]　船龄[　]

PARTICULAR OF SHIP：　REGISTRY　AGE

备注：被保险人确认本保险合同条款和内容已经完全了解。THE ASSURED CONFIRMS HEREWITH THE TERMS AND CONDITIONS OF THESE INSURANCE CONTRACT FULLY UNDERSTOOD

投保人（签名盖章）APPLICANTS'SIGNATURE：

电话（TEL）：　　　　投保日期 DATE：　　　　地址（ADD）：

中华人民共和国海关进口货物报关单

预录入编号：　　　　　　　　　　　　　　海关编号：

进口口岸	备案号	进口日期	申报日期
经营单位	运输方式	运输工具名称	提运单号
收货单位	贸易方式	征免性质	征税比例

许可证号	启运国（地区）	装货港	境内目的地

批准文号	成交方式	运费	保费	杂费
合同协议号	件数	包装种类	毛重（千克）	净重（千克）

集装箱号	随附单证	用途

标记唛码及备注

项号	商品编号	商品名称、规格型号	数量及单位	原产国（地区）	单价	总价	币制	征免

税费征收情况

录入员　录入单位	兹声明以上申报无讹并承担法律责任	海关审单批注放行日期（签章）
报关员	申报单位（签章）	审单　审价
		征税　统计
单位地址		查验　放行
邮编　电话	填制日期	

2.5 任务评价

任务内容	评价指标	分值	得分
开证申请书填写	开证申请书内容填写是否正确完整	20	
托运委托书填写	托运委托书内容填写是否正确完整	20	
投保单填写	投保单内容填写是否正确完整	20	
审核结汇单据	结汇单据审核是否能够找出存在的所有错误之处	20	
报关单填写	报关单内容填写是否正确完整	20	
总计		100	

2.6 技能巩固

西安家具进出口有限公司 XI'AN FURNITURE IMPORT AND EXPORT CO., LTD. 地址：NO. 1 NANJING ROAD, YANTA DISTRICT, XI'AN, CHINA，从意大利米兰纽琳贸易公司 NEWLIN TRADE CO., LTD. 地址：DORSODURO 3246, MILAN, ITALIA 进口厨具 Kitchen14 套，合同号是 DSN-2021-01，合同日期：2022 年 1 月 15 日，毛重 7619. 064kgs，净重 7266. 264kgs，报价为 2350EURO/set EXW 米兰，in one 40′High Container，铁路运输从米兰到西安，装运期为 2022 年 4 月 31 日前。付款方式为电汇。请你以西安家具进出口有限公司业务员的身份，拟定购货合同履行方案一份。

2.7 知识拓展

索赔应注意事项

1. 索赔证据

首先，应备妥索赔清单，随附商检局签发的检验证书、发票、装箱单副本。

其次，对不同的索赔对象还要另附有关证件。向卖方索赔时，应在索赔证件中提出确切根据和理由，如系 FOB 或 CFR 合同，尚须随附保险单一份；向轮船公司索赔时，须另附由船长及港务局理货员签字的理货报告和船长签字的短卸或残损证明；向保险公司索赔时，须另附保险公司与买方的联合检验报告等。

2. 索赔金额

除受损商品的价值外，有关的费用也可提出。如商品检验费、装卸费、银行手续费、仓租、利息等，都可包括在索赔金额内。

3. 索赔期限

对外索赔必须在合同规定的索赔有效期限内提出，过期无效。如有商检工作可能需要更长的时间，可向对方要求延长索赔期限。

参考文献

［1］邹建华，王燕萍. 国际贸易实务［M］. 2版. 北京：高等教育出版社，2019.

［2］中国国际商会. 国际贸易术语解释通则2020［M］. 北京：对外经济贸易大学出版社，2019.

［3］俞涔. 国际贸易实务［M］. 2版. 北京：电子工业出版社，2022.

［4］韩玉军. 国际贸易实务［M］. 3版. 北京：中国人民大学出版社，2022.

［5］张志. 国际贸易实务实训教程［M］. 天津：天津大学出版社，2010.

［6］方虹，李雁玲. 国际贸易实务［M］. 北京：清华大学出版社，2022.